역사학자 임광철

역사학자 임광철

초판 1쇄 발행 2024년 4월 15일

지은이 | 김인덕
펴낸이 | 윤관백
펴낸곳 | 선인
등 록 | 제5-77호(1998.11.4)
주 소 | 서울시 양천구 남부순환로 48길 1(신월동 163-1) 1층
전 화 | 02)718-6252/6257
팩 스 | 02)718-6253
이메일 | suninbook@naver.com

정가 10,000원
ISBN 979-11-6068-884-9 93990

역사학자 임광철

김인덕

선인

책을 간행하며

역사는 해석의 역사라고 한다. 해석을 위해서는 사실을 알고 기록하는 것이 필요하다. 역사 속에는 기록되지 못한 이야기가 존재한다. 여러 가지로 다양한 삶의 흔적이 모두 기록되지는 않지만, 그렇다고 해서 모든 것이 사라지는 것은 아니다. 기록하고자 하는 의도는 어떻게든 남아 있다.

역사학의 역사에서도 이런 일은 있다. 역사 공부는 여기에서 시작하는 것이 어떨지 생각해 본다.

박사논문을 준비하면서 재일조선인의 역사에 대한 공부를 시작했다. 처음 공부할 때 참 가슴아팠다. 지금은 가슴이 덜 아프지만, 재일조선인의 역사를 공부하면서 여전히 일본에서 사는, 살다 간 사람의 이야기가 기록되기를 바란다. 한국에서 재일조선인은 한국사의 소수자, 빨갱이, 친일적인 사람, 일본에 사는 사람 등으로 이야기되고 있다. 사람들이 이해하는 방식은 많이 다르다.

현재를 살아가는 우리는 자신을 중심으로 생각한다. 그러나 앞만을 바라보는 것이 아니라 좌우와 뒤를 동시에 바라보는 '역사의 눈'이 필요하다. 우리는 이러한 시각을 가끔 잊고, 잃어버리곤 한다.

역사의 현장에서 한민족의 역사를 기록하며 살다 간 여러 사람이 있다. 재일조선인 역사학자 임광철(林光澈)이 그중 한 사람이다.

임광철, 그는 역사를 기록했다.

그에 대해 다는 아니지만 한국에서 모을 수 있는 관련 기록을 수집해 원고를 만들었다.

순천에 있는 청암대학교에서 재일조선인을 공부하고 있다. 이 기회를 준 강명운 전 총장님께 감사드린다. 청암대학교 간호학과 교수님, 재일코리안연구소의 여러 선생님과 오랜 시간 책을 만들어주신 선인출판사 윤관백 사장님과 편집부 여러분께 감사드린다. 함께 하는 연순, 정훈, 지영에게도 고마움을 표한다. 초고를 읽어준 여러 선생님께도 고마움을 전한다.

2024년 4월 15일

순천에서 저자

목차

1 장

머리말

21세기는 과학의 시대이다. 아인슈타인은 관성계와 독립된 고정적이고 절대적인 시간은 존재하지 않음을 보여주었다. 공간과 시간은 동시에 창조되었으며 우주의 시스템적 속성의 일부에 해당된다. 더 나아가 양자 이론은 전자가 특정한 조직으로 결정되기 전에 모든 가능한 미래로 동시에 나아가는 가상의 상태를 설명한다.[1]

　지적하자면 과학의 발전은 전쟁을 통해 인간을 말살하는데 기여했다. 이런 부분이 적지 않다고 생각된다. 과연 '전쟁은 허용될 수 있는가'라는 질문은 굳이 말할 필요가 없다.[2] 이런 논리는 사람을 중심에 두고 역사를 서술한다면 제국주의시대 식민 지배에 대해서 논의할 때 다시는 허용해서는 안 된다. 제국주의 국가의 과거에 대한 반성에서 시작해야 한다.

　박경식은 본격적으로 재일조선인 역사를 정리했다. 그에 의해 재일조선인 역사의 현재적 모습이 정리되기 시작했다. 정치적 입장과 사료 중심주의의 모습은 그가 주창한 역사학의 민족주의적 모습과 포스트식민주의적 입장을 배태했다. 강제연행의 문제를 비롯한 1945년 이전의 역사와 전후의 재일조선인사에 대한 연구와 정리, 각종 이슈에 대한 서술과 의미 있는 평가는 그가 추구한 역사학의 백미이다.

---

1) 존 어리 저, 강형수 외 역, 『모빌리티』, 아카넷, 2016, 68~69쪽.
2) 황사익, 「전쟁과 의학, 그 패러독스」, 서울대학교병원 의학역사문화원 편저, 『전쟁과 의학』, 허원미디어, 2013, 284쪽.

이런 박경식의 선배이자 스승이 임광철이다. 그는 조선의 역사, 재일조선인의 역사에서 민족교육을 시작했다. 임광철은 교육의 현장과 연구의 현장에서 민족의 현장으로 들어갔다. 현재 재일조선인 민족교육의 원형을 그가 조성하는데 기여했다. 여러 기록이 임광철을 기억하고 있다.

임광철은 실사구시를 표방하고 사료를 통한 역사학에 철저했다. 그의 조선시대사에 대한 연구는 중요한 각종 조선시대사 자료를 섭렵했다. 이른바 '임광철 역사학'이 갖는 시대사 연구의 본질을 보여주는 대목이다. 그는 근대적 역사학의 연구방법론에 기초하여 전통시대의 사료를 적극적으로 구사했다.

임광철은 현장주의자였다. 역사학의 연구에서 현안이 되는 정치적 문제에 자신의 입장을 그대로 드러냈다. 그리고 민족주의자의 길을 갔다. 그는 과학적 역사학자라고 할 수 있다. 일본의 진보적인 진영과 각종 사회운동에 함께 했다. 재일조선인 사회의 구성원으로, 역사학자로 자존적 모습을 보여주었다.

임광철은 재일조선인 역사를 서술했다. 자신이 속한 사회인 재일조선인의 역사를 현재적 관점을 유지하면서 고찰했고 사료에 기초해 해석했다. 그는 재일조선인 역사 서술의 첫 발을 내딛었다. 동시에 그는 재일조선인 역사교과서의 편찬도 주도했다. 재일조선인 역사 교재는 그를 기억한다.

현재 한국 역사학은 임광철을 거의 기억하지 않는다.[3] 우리는 그를 잘 모르지만 그는 역사학을 공부했다. 한국사를 서술했다. 재일조선인의 역사를 기록했다. 역사학자로서 교육자로서 그는 역사의 현장에 있었다.

3) 임광철에 대한 국내 연구는 다음과 같다. 김인덕, 「임광철의 재일조선인사 인식에 대한 소고」, 『사림』 59, 수선사학회, 2017. 1; 김인덕, 「전후 재일조선인 마이노리티의 역사연구―임광철의 『이조봉건사회사』를 중심으로―」, 『코리안 디아스포라와 일본 소수자 문제』, 2018. 10; 김인덕, 「재일조선인 역사 서술의 3·1운동에 대한 기억―재일조선인의 각종 역사교재와 임광철의 역사인식을 통해―」, 『한일민족문제연구』 38, 한일민족문제학회, 2020.

.

2장

임광철 연보

1. 임광철 연보

임광철(林光澈)은 재일본조선인연맹(이하 조련)을 대표했던 아니, 동포 사회를 대표했던 교육자이자 역사학자이다.[1] 그는 조련의 한 가운데에서 자신의 이념에 충실하면서 동포 사회를 이끌었다.

해방 공간 당시 그가 속해 있던 조련은 1946년 1월 제1회 문화부장회의에서 최초로 한글 보급운동에 대해 논의했다. 이 자리에서는 강습소식의 한글교육을 학교 형식으로 편성하기 위해 토의하고, 제2회 중앙위원회에서 문화부 내에 초등교재편찬위원회를 신설할 것을 결정했다.[2]

이에 따라 조련은 1946년 2월 중앙기구 내에 초등교재편찬

---

1) 김인덕, 「전후 재일조선인 마이노리티의 역사연구 – 임광철의 『李朝封建社會史研究』를 중심으로 –」, 재일제주센터 발표문집, 2016 참조.
2) 조련의 활동은 다음을 참조. 김인덕, 『재일본조선인연맹 전체대회 연구』, 선인, 2007.

위원회를 두었다. 위원장은 이진규가 맡았다. 그리고 위원으로는 임광철을 비롯해 박희성, 전경환, 이은직, 어당, 채수강, 박준영, 임영준, 윤기선, 박성호, 이인수, 한춘우, 이상요, 김상기 등 15명이 활동했다.[3]

여기에서 조련은 교재 편찬 사업에 주력했다. 이들은 이진규가 편찬한 『한글교본』을 모델로 하여 조선어 교재로 『초등한글교본』, 『교사용 어린이교본』, 『어린이교본』, 『한글철자법』, 『한글교본』 등을 제작했다. 그리고 한국 역사 교재로 『조선역사교재초안』을 편찬했다.[4] 이 가운데 한국 역사 교재인 『조선역사교재초안』은 우리 역사에 대한 인식의 틀을 살펴볼 수 있는 중요한 교재이다. 이 책의 출판은 임광철이 주도한 것으로 보인다.

이런 임광철의 주요 활동을 연보로 정리하면 다음과 같다.[5]

- 1920년 7월 23일생
- 본적 평북 정주(定州)

---

3) 실제로 조련은 초등교재편찬위원회를 1948년 6월 14일 새롭게 '교재편찬위원회'로 개편했다. 이진규, 임광철, 허남기, 어당, 이은직을 전문위원으로 선임했다. 전문위원의 역할은 기획-이진규, 교과서편찬 책임-임광철, 어린이잡지·대중잡지-허남기·어당·이은직, 서간문집 책임-어당, 부녀계몽독서-이진규, 삽화일체-허남기 등이 담당했다. ウリハッキヲをつづる會, 『朝鮮學校ってどんなとこ?』, 社會評論社, 2007, 133쪽.

4) 김인덕, 「해방 후 재일본조선인연맹의 민족교육과 정체성-『조선역사교재초안』과 『어린이 국사』를 통해-」, 『역사교육』 121, 2012 참조.

5) 『卒業者名簿(文學部)』, 1944. 9; 早稻田大學, 『早稻田大學(個人)調査結果報告書』, 1998. 9. 17; 『도꾜조선중고급학교10년사』, 1956. 10. 5, 창립10주년기념연혁사편찬위원회, 1956; 김인덕, 「재일조선인 민족교육과 東京朝鮮中學校의 설립-『도꾜조선중고급학교10년사』를 중심으로-」, 『숭실사학』 28, 2012.

- 오산학교에서 수학
- 결혼, 1녀 둠(이후 일본에서 결혼 2녀 둠)
- 1942년 4월 1일 와세다대학(早稻田 大學) 입학(문학부 사학과 동양사)
- 1944년 9월 25일 졸업
- 학도병 헌병 장교로 근무
- 1945 - 1955년 조선역사연구소 대표, 조련 문화부 소속
- 1946년 10월 東京朝鮮中學校 력사 교사, 교무 주임
- 1946년 2월 초등교재편찬위원회 위원
- 1947년 2월 東京足立朝鮮初等學院 교장[6]
- 1947년 6월 28일 재일본조선인교육자동맹 도쿄지부 부위원장[7]
- 1948년 1월 17일 결성된 재일본조선문학회 회원
- 1948년 6월 14일 새롭게 '교재편찬위원회' 전문위원, 교과서 편찬 책임
- 1949년 10월 1일 東京朝鮮中高級學校 교장(제4대)
- 1955년 8월 28일 8·15해방 10주년을 경축하는 재일동포 조국방문단원으로 북한 방문

임광철의 해방 공간 활동에 주목되는 것은 조련에서의 모습이다. 그는 조련 문화부를 대표하면서 동시에 국어와 역사 담당 교사로 도쿄조선중학교에서 근무했다. 교장의 직을 맡아 교육행정에도 역량을 발휘했던 일은 많이 알려져 있다.

----

6) 姜徹, 『在日コリアン形成史』, 雄山閣, 2010, 115쪽.
7) 金德龍, 『朝鮮學校の戰後史-1945~1972-』, 社會評論社, 2002, 60쪽.

2. 임광철 주요 논고

먼저 임광철의 주요한 공식적인 저서는 다음과 같다.

- 『朝鮮歷史讀本』, 白揚社, 1949. 11(제2판 1950. 8.)
- 『李朝封建社會史硏究』, 朝聯文敎部, 1949. 7.

일본에서 많은 활동을 한 그의 재일조선인과 관련한 논문으로 확인되는 것은 다음과 같다.

- 「藝術과 人民大衆」, 『朝聯文化』(創刊號), 1946. 4.
- 「네 눈이 밝구나」, 『朝聯文化』 2, 1946. 10.
- 「『現代史』と知識人 - 朝鮮に居る弟への手紙」, 『民主朝鮮』 22, 1948. 9.
- 「三一運動に於ける歷史的なもの」, 『民主朝鮮』 26, 1949. 3, 4.
- 「朝鮮資本主義の問題」, 『民主朝鮮』 27, 1949. 5.
- 「民族文化の危機を語る(その二) - 民主民族文學の諸問題」, 『民主朝鮮』 29, 1949. 7.
- 「渡航史 - 並にその性格」, 『民主朝鮮』 33, 1950. 7.
- 「朝鮮解放運動史 1」, 『歷史評論』, 1951. 3.
- 「平和と友好のために」, 『朝鮮評論』 2, 1952. 2.
- 「强制送還なら眞つ平だ」, 『改造』 33 - 9, 1952. 7.
- 「在日朝鮮人問題の見通し」, 『平和と敎育』(創刊號), 1952. 8.
- 「'外國人登錄切替'と朝鮮人の立場」, 『平和と敎育』 2, 1952.
- 「在日朝鮮人はその子弟の敎育に何を望んでいるか」, 『平和と敎育』, 1953. 1.

- 「日朝兩國民の友好·團結と文化交流の道具 – 朝鮮語」,『新し
  い朝鮮』2, 1954.
- 「在日朝鮮人問題 – その歷史的發展について」,『歷史學研究
  別册』, 1953. 6.

이렇게 임광철은 조련이 간행한 역사 교재와 각종 잡지에 많은 글을 썼다. 그는 조선의 문화, 역사, 재일조선인 민족교육과 재일조선인 형성과 운동사에 주목하는 논고를 남겼다.

3장

임광철의
역사서술과
역사인식

1. 임광철의 『조선역사독본(朝鮮歷史讀本)』의 역사인식

재일조선인은 1945년 10월 15일에 광범위하게 동포들을 망라한 첫 통일적 조직인 조련을 결성했다. 조련은 새 조선 건설에 기여할 것을 강령에 명시하고 동포들의 귀국 편의·생활 안정·문화 향상 등을 목표로 사업을 했다.

이 조련은 국어강습소를 학교 형태로 바꾸고 체계성 있는 교육을 실시했다.[1] 특히 1946년 10월 5일에는 도쿄조선중학교(東京朝鮮中學校)를 창설함으로 동포 자녀들에 대한 중등교육도 실시하였다. 조선학교는 1948년 4월에는 초등학교 566교, 중학교 7교, 학생 약 6만 명, 교과서 92종 100만 부를 발행하는 규모로 성장했다.

이 조선학교는 재일조선인 민족교육의 중심으로 해방 공간 재일조선인 사회의 구심체였다. 여기에서는 민족적 문제, 특히 정체성과 관련한 강의가 진행되었다. 주로 국어와 역사 등의 과목을 통해 교육이 이루어졌다.

조련에서 문화부 활동을 주도하면서 재일조선인 민족교육의 현장에 있던 임광철이 주목된다. 그는 역사학자로 이미 1945년 이전에 대학의 강단에 섰다.

....
1) 김인덕, 『재일조선인 역사교육』, 아라, 2015, 131쪽.

임광철이 근무했던 도쿄조선중학교에서의 '력사' 강의는 임광철과 박경식, 이달헌이 담당했다.[2] 이 시기 그는 자신의 대표적인 저서인 『조선역사독본(朝鮮歷史讀本)』을 출간했다.

그가 간행한 『조선역사독본』의 목차는 다음과 같다.

제1편 계급사회로의 발전
　　제1장 조선사의 출발점
　　제2장 계급사회의 형성

제2편 동양적 고대
　　제1장 조선에서 노예제
　　제2장 신라왕조에 의한 통일국가의 출현
　　제3장 신라왕조의 붕괴

제3편 중세사회의 동양적 구성
　　제1장 봉건적 전제정치 권력의 형성
　　제2장 봉건적 토지소유 관계
　　제3장 전봉건제의 잔존 형태
　　제4장 말기의 이조봉건제

제4편 근대화로의 길
　　제1장 자본주의 경제로의 편입과정
　　제2장 일본제국주의의 식민지화
　　제3장 민족의 독립=인민혁명의 준비
　　제4장 결론 - 통일전선의 역사적 전망

....

2) 「강재언인터뷰」(2005년 5월 15일, 오사카 시내 한국음식점) 참조.

히라노 요시타로(平野義太郎)는 임광철의 『조선역사독본』 서문에서 백남운의 『조선사회경제사』, 『조선봉건사회경제사』(상권), 이청원의 『조선사회사독본』의 업적을 잇고 있다고 했다.[3] 임광철은 사적 유물론에 입각한 역사관을 그대로 보여주고 있는데 '인민혁명'의 길을 전망하고 있었다.

그는 '조선민족'이라는 '인간집단'의 역사는 무계급사회에서 계급사회로 이행했고, 이것은 다양한 모습으로 진행된 '다양성의 종합체'라고 했다.[4] 임광철은 조선의 형성을 668년 삼국통일로 보고, 동일종족 의식이 싹튼 것은 고려왕조 이후라고 했다.[5] 고려시대 외부로부터의 연속적인 침입은 인민적 반격을 불렀다고 한다. 이후 조선의 역사를 통해 조국 방위의 애국심이 국가를 지탱한 힘의 한 요인으로 보았다. 이것이 근대적 민족으로 계승되었다는 것이다.[6] '반일제투쟁'은 1910년 이후로 지속되어 해외의 독립운동과 농민 속으로 들어 갔다고 했다.

2. 임광철의 『조선역사교재초안』의 역사인식

임광철은 조련에서 『조선역사교재초안』의 서술을 주도했다.

<hr>

3) 『歷史評論』 21에 서평이 있다.
4) 林光澈, 『朝鮮歷史讀本』, 白揚社, 1949. 11, 10쪽.
5) 林光澈, 『朝鮮歷史讀本』, 白揚社, 1949. 11, 323쪽.
6) 林光澈, 『朝鮮歷史讀本』, 白揚社, 1949. 11, 327쪽.

이 책은 조련의 핵심적인 역사 교재였다. 조련 문화부에서 편찬하고 간행했고 한글로 기술되었다.[7] 이 『조선역사교재초안』은 『조선역사』(상권)(중권), 『조선역사교재초안』(하권)으로 되어 있다.[8]

목차를 정리하면 다음과 같다.

『조선역사』(상권)[9]
제1장: 명칭, 선사 이전, 건국, 기자조선, 위만조선, 한사군
제2장: 신라, 고구려, 백제, 광개토왕, 이차돈, 을지문덕, 김유
　　　　신과 김춘추, 낙화암, 개소문
제3장: 발해
제4장: 조선

『조선역사』(중권)[10]
제1편 제1장 이조관계 전
　　　제2장 개국혁명
　　　제3장 이조의 기초
　　　제4장 이조의 불교
　　　제5장 유교
　　　제6장 무인정권
제2편 제1장 무단정치의 말로
　　　제2장 당파
　　　제3장 왜란

---

7) 朴慶植 編, 『在日朝鮮人關係資料集成』(戰後編)(6卷), 不二出版社, 2000, 2쪽.
8) 朴慶植 編, 『在日朝鮮人關係資料集成』(戰後編)(6卷), 不二出版社, 2000 참조.
9) 국사강좌교재 초안으로 서술되어 있다. 촌언에 1945년 10월 임광철의 노력의 결과물임을 문화부장 이효상이 적고 있다.
10) 이조사개설로 되어 있다. 1946년 1월 5일자 서언이 붙어 있다.

제4장 왜란(2)

제5장 호란

제6장 난후의 당파

제3편 제1장 중인계급의 신흥

제2장 민중의 각성

제3장 세도와 대원군

제4장 대원군과 양요

제5장 민비와 세도

제6장 민중의 혁신운동

제7장 개화독립당

제8장 합방전후

『조선역사교재초안』(하권)[11]: 제1-11장

『조선역사』(상권)(중권)과 『조선역사교재초안』(하권)의 이른 바 3권은 통사적인 책이다. 여기에서 임광철은 『조선역사독본』과 마찬가지로 사적 유물론에 입각한 한국 역사의 본격적인 서술을 시도했다.[12]

『조선역사』(상권) 제1장은 조선, 한 등의 명칭을 시작으로 서술하고 있다. 우리 민족 이른바 '힌 옷 입은 겨레'의 선사 이전의 역사를 중앙아세아에서 시원하는 것으로 본다. 건국은 서기 전 2333년 정월 3일로 기록한다. 그리고 기자조선, 위만

....

11) 독립운동소사라고 되어 있다.

12) 이청원에서 시작되는 사회사적인 연구 방법론에 적극적으로 동조하면서 본격적인 대중 교육에도 관심을 갖고 있었다.

조선, 한사군에 대해 서술한다. 제2장은 한족의 낙랑군 때문에 조선 사람은 이를 몰아내려고 여러 곳에 나라를 세웠다고 한다. 특히 한족의 낙랑군 사람에게 많은 것을 배웠다고 인정한다. 신라, 고구려, 백제와 함께 광개토왕, 이차돈, 을지문덕, 김유신과 김춘추, 낙화암, 개소문[13]을 거론했다. 신라의 통일은 완전한 자기 힘이 아니었고 다른 힘을 빌었다고 한다.

『조선역사』(상권) 제3장은 발해에 대해 서술한다. 고구려의 후예가 토민과 세운 나라가 발해라고 했다. 이 장에서는 경주, 국선화랑, 의상과 원효, 불국사, 장보고, 최치원, 후백제, 궁예, 경순왕, 신라문화의 민족사적 지위, 왕건 고려, 거란, 강감찬, 윤관, 고려의 불교, 고려의 문교, 묘청의 개혁운동, 최충헌, 강화천도, 몽고의 세력에 못이김, 활자 발견, 고려판 대장경, 고려자기, 려원 연합군의 동정, 공민왕, 최영, 장군 이성계, 정몽주에 대해 약술한다. 제4장은 조선시대를 대상으로 서술한다. 한양, 집현전, 한글, 세종대왕의 반포 취지, 주시경, 세계 최초의 발명, 양반, 과거, 사육신, 이퇴계, 당파에 대해 약술한다.

『조선역사』(중권)은 서술방식이 바뀌었다. 제1편은 총 6장으로 구성했다. 제1장 이조관계 전, 제2장 개국혁명, 제3장 이조의 기초, 제4장 이조의 불교, 제5장 유교, 제6장 무인정권에

---

13) 연개소문이다.

대해 서술한다. 이 가운데 주목되는 서술 내용은 조선의 불교에 대해서는 민간신앙으로 대중 속에는 풍속, 습관 속에 숨어 현재의 생활로 이어지고 있다고 한 사실이다.

제2편도 6장으로 되어 있다. 여기에서는 제1장 무단정치의 말로, 제2장 당파, 제3장 왜란, 제4장 왜란(2), 제5장 호란, 제6장 난후의 당파에 대해 서술했다. 여기에서는 영조의 탕평을 무의미한 당파를 통합하려는 운동으로 '기형정치의 종말'로 표현했다. 제3편은 총 8장이다. 제1장 중인계급의 신흥, 제2장 민중의 각성, 제3장 세도와 대원군, 제4장 대원군과 양요, 제5장 민비와 세도, 제6장 민중의 혁신운동, 제7장 개화독립당, 제8장 합방전후이다. 이 가운데 제8장은 개조식으로 여기에서는 역사의 표면에 나타나지 않은 '민족의 생명력과 지구적인 '발전역'은 간도로 진출하고 만주를 개척했다'고 한다. 그리고 이 사실을 잊어서는 안 된다고 하면서 끝을 맺고 있다.

『조선역사교재초안』(하권)은 총 11장으로 구성했다. 책은 제1장의 서술의 시작을 "이토 히로부미(伊藤博文)"의 1905년 11월 14일 정동에 나타났던 일에서 서술을 시작했다. '착착 진행된' 침략의 본질을 보여주는 서술 구조를 보여준다. 그리고 협약의 보도와 '반항운동'을 서술했다. 제2장은 침략의 기초를 만든 자인 "이토 히로부미"에 계속 주목했다. 군대해산과 함께 한 거병과 이른바 '소요'를 적극적으로 서술했다. 제3장에서는 해외에서의 한민족의 비분강개를 주목했다. 1910년 8월 22일자 통감부 밀실의 합병조합 조인에 대해 서술하고 전문을 기재했다.

『조선역사교재초안』(하권)의 제4장은 일본을 왜라고 멸시하던 감정을 토로하고, 반대하고 반항했던 것을 현실에서 '자각'하게 되었다고 했다. 이후 '독립운동'을 국내와 해외로 나누어 서술했다. 국내에서는 105인 사건, 해외에서는 '신한민회'에 주목했다. 연해주의 한족공산당의 조직에 주목해서, 이후 '조선독립운동사'는 '공산주의혁명'이라는 새로운 사상적 요소가 혼합하여 흘렀다고 했다. 제5장에서는 윌슨의 민족자결주의를 '조선민족'에게는 '복음'이라고 했다. 그리고 이에 부응한 3·1운동을, '3·1운동', '기미만세사건', '독립만세사건'이라고 서술했다. 선언서와 함께 부인의 참가를 적극적으로 평가했다. 성과로 일정한 언론의 자유와 '상해임시정부'의 조직을 들었다. 제6장은 이후 상해 임시정부에서는 공산주의와 민족주의세력이 나뉘어 진 사실에 주목하고, 제7장은 일본에서의 독립운동과 1923년 관동대지진 조선인학살을 '참극'이라고 적기했다.

『조선역사교재초안』(하권)의 제8장은 국내 공산주의운동, 제9장 문화통치의 양상을 기록했다. 여기에서는 이광수의 "흙"과 이기영의 "고향", 최남선의 "조선역사"와 백남운의 "조선사회경제사"를 대비했다. 1929년 '광주사건'과 '신간회'에도 주목했다. 제10장은 1929년 이후 3대 사건으로 친일적 행위, 해외 민족주의자의 독립운동, 국내 공산주의운동으로 대분했다. 그리고 요약하여 제11장을 서술했다. 임광철은 마지막으로

"현재 조선의 과제"는 "문화계몽과 아동교육"이라고 적기했다.

3. 『어린이 국사』(상)(하)의 역사인식

위의 책과 비슷한 목차 구성을 보이는 초등교재편찬위원회
가 편한 1947년 간행한 『어린이 국사』(상)(하)가 있다.[14] 이 책
의 목차는 다음과 같다.

상권: 제1과 시초, 제2과 마을, 제3과 마을, 제4과 고구려, 제
5과 백제, 신라, 제6과 삼국시대(1), 제7과 삼국시대(2),
제8과 신라의 통일(1), 제9과 신라의 통일(2), 제10과 신
라의 문화, 제11과 신라의 쇠약, 제12과 후삼국, 제13과
고려나라를 세움, 제14과 불교, 제15과 북방사람들, 제
16과 묘청의 난, 제17과 문관과 무관, 제18과 몽고와의
관계(1), 제19과 몽고와의 관계(2), 제20과 면화, 제22과
외적들, 제23과 고려의 쇠망

하권: 제1과 이태조, 제2과 양반과 상민, 제3과 여무진 나라, 제
4과 단종이야기, 제5과 양반들의 싸움, 제6과 이황과 이
이, 제7과 임진난, 제8과 병자난, 제9과 정약용과 박지원,
제10과 상민의 살림(1), 제11과 상민의 살림(2), 제12과
세도와 대원군, 제13과 서양사람들, 제14과 외국의 힘, 제

....

14) 『어린이 국사』(상)은 청암대학교 재인고리인연구소 소장본을 참조. 『어린이
국사』(하), 朴慶植 編, 『在日朝鮮人關係資料集成』(戰後編)(6卷), 不二出版社,
2000 참조.

15과 군란과 정변, 제16과 동학난 이후, 제17과 일본의 주
먹, 제18과 나라를 파는 사람과 찾으려는 사람들, 제19과
삼일운동, 제20과 새로운 살길, 제21과 학생사건, 제22과
해방되기까지, 제23과 우리차지

특히 상권에서는 먼저, 제1과에서 조선은 사람도 많고 먹을
것이 많아 사람이 옮겨와 살았다고 한다. 그리고 제2, 3과에서
마을을 이루고 마을과 마을이 국가가 되었다고 한다. 나라가 된
것으로 믿을 수 있는 것을 고구려, 백제, 신라라고 했다. 제5과
에서는 고구려와 백제의 왕들은 북쪽에서 왔다고 한다. 제6과
는 이후 '세 나라'의 왕들은 제나라를 넓히려고 애썼다고 한다.

제8과는 신라의 통일을 거론하고, 제9과는 발해를 들고, 제
11과에서는 왕들이 놀면서 지내면서, 다른 나라가 침략할 것
이라는 걱정이 없이 지내다가 폐망했다고 한다. 제12과는 신
라와 백제왕이 왕건에게 굴복하여 고려의 백성이 되었다고 했
다. 제13과 고려 나라를 세움에서는 "그때의 어린이들은 나면
서부터 노예였습니다"고 했다. 이후 고려의 문화와 정치를 소
개하고 몽고와 왜적에 의해 시달림을 당했다고 서술했다. 그
리고 이성계의 위화도 '회국'과 정도전이 이성계를 왕으로 삼
게 했던 사실을 기록하고 있다.

이런 어린이용 책이나 『조선역사독본』과 같은 기존의 각종
개설서를 쓴 임광철은 시대사적인 연구에 주목하여, 조선시대
를 다룬 『이조봉건사회사연구(李朝封建社會史研究)』를 간행했다.

4장

임광철의
조선시대 역사인식

1. 임광철의『이조봉건사회사연구』의 조선시대 역사인식

『이조봉건사회사연구』는 전문가를 대상으로 제작된 책이 아니다. 이 책은 일반 '이조사'에 대한 개념을 주기 위한 책으로 주로 조련 중앙사범과 조련 고등학원, 삼일학원에서 강의한 강의안을 정리한 책이다. 일단은 고등학교용이라고 생각하면서 서술했으나,[1] 일반 대중서에서 좀 더 진척된 것으로 보인다.

목차는 총 4편으로 구성한다. 제1편은 조선시대의 성립과 의미에 대해, 제2편은 초기, 제3편은 중기, 제4편은 말기와 식민지화의 과정을 서술하고 있다. 임광철은 책의 서설에서 '이조시대사'를 개관함으로 조선의 전자본주의제 - '아세아적 봉건제의 본질'을 규명하고자 한다면서 다음과 같이 언급하고 있다.

> 조선역사를 일제의 식민사로 만든 원인으로서는 물론이고, 현단계급에서 문제되는 봉건잔재의 본질을 알기 위하여 뿐 아니라 신분적 예속, 기본적 인권의 유린, 직업의 귀천, 남존여비 등등의 조직이나 생산력의 발전에 있어서 장애가 되고 있는 봉건적 잔재라고 부르는 여러 가지 문제의 본질을 알기 위해서이다. 그리고 그것은 필경 이조시대의 양반들의 착취양식의 유제라고 보아야 할 것이기 때문이다.[2]

....
1) 林光澈, 『李朝封建社會史研究』, 朝聯文教部, 1949. 7, 3쪽.
2) 林光澈, 『李朝封建社會史研究』, 朝聯文教部, 1949. 7, 3쪽.

이와 함께 임광철은 구체적으로 구성에 대해서도 언급하고 있다. 사회경제적인 입장에서 봉건제의 문제를 취급한 부분과 조선시대에 대해 '사실과 사건'을 해설하는 방식으로 기술한 부분으로 나누고 있다. 즉, 전자에 해당하는 부분이 목차 상으로는 제5장 토지소유제도, 제6장 중앙관제, 제7장 지방관제, 제11장 봉건적 신분제, 제13장 교환경제, 제14장 봉건적 수탈 양식, 제17장 고리자본의 침식작용이다.[3]

1) 제1편

제1편은 '제1장 이조 성립의 역사적 의의 (1)-이성계와 그 시대-', 제2장은 '이조 성립의 역사적 의의 (2)-이성계와 그 시대-', 제3장은 '이씨왕실 세보와 시대의 개관'이다.

먼저 임광철은 제1장에서 왕조사 중심의 역사가 아닌 역사를 보기 위해서는 6가지 전제를 되풀이할 필요를 거론한다.[4]

1. 사람의 역사는 다섯 가지의 기본적인 생산관계의 양식을 취하여 왔다.
2. 아세아적 사회라고 하는 동양에 있어서는 그것이 구라파에 서와 같이 순수한 형태로 발전하지는 않았지만 본질적으로 는 자본주의 이전의 생산양식은 원시공산체와 노예제와 봉

3) 林光澈, 『李朝封建社會史研究』, 朝聯文敎部, 1949. 7, 4쪽.
4) 林光澈, 『李朝封建社會史研究』, 朝聯文敎部, 1949. 7, 6쪽.

건제 이외의 역사가 아니었다.

3. 우리나라의 역사에 있어서도 그것은 공식의 적용으로서 그런 것이 아니고 실제에 있어서 세계사적인 발전 형태를 취하여 왔다.

4. 봉건제 속에 전봉전제적인 제관계가 보다 농후하게 남아 있었으므로 사회의 발전은 극히 기형적인 과정을 취하였다.

5. 우리나라 역사의 봉건제는 그 특징이 명확하지 못함과 동시에 시대의 연대적인 구분에 있어 아주 명확하지 못하다.

이에 기초해 임광철은 '이조'의 성립은 아세아적 봉건체제의 재편성이라고 선언적인 서술을 하고 있다.[5]

제2장에서는 '이조'는 역사적으로 어떤 뜻을 가지고 있는가 하는 문제에서 출발했다. 그리고 고려의 생산관계를 근본으로 개혁한 것이 아니라면서, 이조의 개혁은 종래의 생산관계에 대치되는 새로운 생산관계로 이행된 혁명이 아니고 관료제적 봉건제를 수정하고 부활시킨 것에 지나지 않다고 했다.[6] 나아가 1945년 8·15 이후의 단계를 부르주아민주주의혁명으로 규정해야 하는 역사적인 원인과 그 원인의 성립을 '이조시대'의 성립에까지 올라가야 한다는 것이다.

그 연결선 상에서 제3장은 왕실세보를 통해 조선시대를 구분하여 설명하고자 했다. 그는 조선시대를 왕실을 중심으로

5) 林光澈, 『李朝封建社會史研究』, 朝聯文敎部, 1949. 7, 7쪽.
6) 林光澈, 『李朝封建社會史研究』, 朝聯文敎部, 1949. 7, 11쪽.

초창기, 난숙기, 부패기로 구분지어 서술하고, 개념어로 파정 상태, 부흥기운, 내부붕괴, 상업자본, 화폐자본을 통해 서술하고자 했다. 그리고 일본의 신흥자본주의가 군사적으로 침략하여 '이조 정권'을 몰락시켰다는 것이다.[7]

2) 제2편

제2편은 제4장 '이조봉건제의 초창기', 제5장 '이조의 토지제도', 제6장 '중앙관제', 제7장 '지방관제', 제8장 '초기의 양반문화', 제9장 '사화와 당쟁', 제10장 '왜란과 호란', 제11장 '봉건적 신분제'이다.

임광철은 초기 조선의 역사를 서술하면서 이성계는 불안한 여생을 마치지 않으면 안되었다고 했다.[8] 그리고 제4장에서는 한양천도, 사대주의의 성립, 유교에 대한 정책에 대해 서술하고 있다. 특히 사대주의를 서술할 때는 이것이 이성계가 취한 가장 창조적인 정책[9]이라고 하고 다음과 같이 평하고 있다.[10]

> 이성계의 창의적인 술책이라고 하는 것은 그전에는 그런 술책을 쓴 정치가는 없었을 뿐 아니라 완전 독립된 나라라고 생각하여 한족에게 대하여 대등, 혹은 대립적인 태도와 감정을

---

7) 林光澈, 『李朝封建社會史硏究』, 朝聯文敎部, 1949. 7, 16쪽.
8) 林光澈, 『李朝封建社會史硏究』, 朝聯文敎部, 1949. 7, 17쪽.
9) 林光澈, 『李朝封建社會史硏究』, 朝聯文敎部, 1949. 7, 22쪽.
10) 林光澈, 『李朝封建社會史硏究』, 朝聯文敎部, 1949. 7, 22~23쪽.

가지고 있었다는 것이다. … 이러한 반동적인 외교정책을 취
하게 되자, 그것은 이후의 우리나라의 역사적 운명에 비극적
인 색채를 농후히 물들이게 된 것이다.

이와 함께 유교는 국민을 기만하고 억압하기 위한 관념적
무기로서 채용하여, 그런 의미에서 반동적인 효과가 있었지만
그 폐단은 컸다고 했다.[11]

제5장에서 임광철은 조선의 토지제도는 고려시대의 과전제
를 그대로 계승한 것으로 보았다.[12] 그리고 이 토지제도가 전
제적 봉건제도의 기초가 되었는데 분배된 토지는 사전, 공해
전, 제전, 적전, 학전, 서원전, 사전으로 구별하고 있다. 그리
고 시대별로 대분하고 있는데 토지국유제 확립기, 쟁탈기, 혼
란기, 사유화기로 나누었다.

제6장 중앙관제에서는 최고 의결기구로 의정부와 실제 집
행기구로 육조, 정치의 실시 여부를 감독하는 기관으로 삼부
그리고 비변사에 대해 서술하고 있다.[13] 제7장에서는 지방관
인 외관으로 관찰사, 부, 목, 군, 현의 부윤, 목사, 군수, 현령
의 역할에 대해 서술하고 있다. 아울러 면, 동, 리의 촌락 공동
체에 대해서도 언급했다.[14]

....

11) 林光澈, 『李朝封建社會史硏究』, 朝聯文敎部, 1949. 7, 27쪽.
12) 林光澈, 『李朝封建社會史硏究』, 朝聯文敎部, 1949. 7, 29쪽.
13) 林光澈, 『李朝封建社會史硏究』, 朝聯文敎部, 1949. 7, 43쪽.
14) 林光澈, 『李朝封建社會史硏究』, 朝聯文敎部, 1949. 7, 48쪽.

제8장은 경제적인 농민에 대한 착취 위에 '이조문화의 황금시대'가 탄생했다고 한다.[15] 조선의 양반문화는 귀족문화로, 관념적인 문화와 자연과학적인 문화로 나누어 설명하고 있다. 토지국유제의 모순과 관련하여 제9장은 사화와 당쟁을 언급하고 있다. 임광철은 분명히 사화와 당쟁을 다음과 같이 규정하고 있다.[16]

> 이조사에 있어서 당파싸움을 조선 사람의 민족성이라고 생각하는 경향이 있다. 그것이 조선 민족이 가지고 있는 결정적인, 그리고 숙명적인 결점인 것 같이 생각하고 제 민족을 열등시하는 사람이 아직도 적지 않다. 사실에 있어서 이조시대에는 당파싸움이 많았고, 이조사를 당쟁사라고 할 만큼 그것은 커다란 부분을 차지하고 있다. … 그러나 우리는 그것이 양반들의 싸움이었고, 오로지 양반들뿐의 싸움이었고 민족 전체의 싸움이 아니었다는 점을 알아야 할 것이다. 그러한 양반들의 싸움이라는 것도 결코 민족성이라든가, 그러한 애매한 말로 믿어 둘 것이 아니라, 그 원인이 어떠한 것이며 그것이 어떠한 사회경제적인 상태 위에서 생겨난 것인가를 똑똑히 알아야 할 것이다.

그는 양반들 싸움의 원인을 토지 소유와 부귀영화를 누리기 위함에서 찾고 있다.[17] 대표적인 사화와 당쟁으로 무오사화,

---

15) 林光澈, 『李朝封建社會史硏究』, 朝聯文敎部, 1949. 7, 52쪽.
16) 林光澈, 『李朝封建社會史硏究』, 朝聯文敎部, 1949. 7, 63쪽
17) 林光澈, 『李朝封建社會史硏究』, 朝聯文敎部, 1949. 7, 65쪽.

기묘사화를 들고 있다. 특히 노론의 세도는 고종 초기 잠시 주춤하다가 1910년 '병합' 때까지 그 세력은 별로 바뀌지 않고 지속되었다고 한다.[18]

제10장은 왜란과 호란에 대해 서술하고 있다. 먼저 왜란에 대해서 임광철은 양반들 가운데 오직 한 사람 이순신만이 왜병과 싸워서 이겼다고 했다.[19] 특히 명군은 벽제관 이후 조선에 도움이 되지 못했던 사실을 적기하고, 전쟁이 지속되자 왜병에 대항한 것은 농민이었다고 서술하고 있다. 이와 함께 의병의 참전이 왜병과의 싸움에 주력이 되었다고 한다. 양반들은 처음부터 끝까지 당파싸움과 사대주의에 일관했다고 한다.[20]

호란에 대해 서술할 때, 임광철은 왜란의 연결선에서 북방으로부터 침략을 당했다면서 양반들은 청의 실력을 몰랐고 명의 구원 경험을 중시하는 입장이었다고 했다.[21] 이후 싸움에 진 양반은 청에 의뢰하여 자신의 지위를 보전하는데 연연했다고 평가한다.[22]

제11장은 봉건적 신분제에 대해 서술했다. 여기에서 임광철은 조선의 계급관계를 양반계급과 농민계급으로 대분하고, 생산수단의 소유자인 양반이 노동력을 제공하는 농민을 착취하

---

18) 林光澈, 『李朝封建社會史研究』, 朝聯文教部, 1949. 7, 74쪽.

19) 林光澈, 『李朝封建社會史研究』, 朝聯文教部, 1949. 7, 77쪽.

20) 林光澈, 『李朝封建社會史研究』, 朝聯文教部, 1949. 7, 80쪽.

21) 林光澈, 『李朝封建社會史研究』, 朝聯文教部, 1949. 7, 83쪽.

22) 林光澈, 『李朝封建社會史研究』, 朝聯文教部, 1949. 7, 86쪽.

는 구조로 설명하고 있다.[23] 그리고 이런 생산관계를 유지하고 확대 강화하기 위해 정치적으로 지배하는 계급이 법적으로 고정시킨 것이 봉건적 신분제라고 한다. 이 신분제는 500년 지속되었다고 한다. 조선의 신분제를 대분하여, 왕족, 양반, 상민, 천민, 노예로 나누었다.[24] 특히 조선의 경우 노예제의 잔재가 남아 있는 것에 주목했다.

3) 제3편

제3편은 제12장 '서학', 제13장 '상업형태', 제14장 '양반적 수탈양식', 제15장 '봉건제의 파정', 제16장 '인민의 반항', 제17장 '고리자본의 침식'이다. 제3편은 중기 조선 사회의 모습을 서술한 제12장, 제13장, 제14장과 조선 봉건 사회의 내부 모순이 표출되는 제15장, 제16장, 제17장으로 대분할 수 있다.

임광철은 제12장을 과학문명과 천주교의 유입이라는 부재로 설명하여 직접 당시 조선에 청나라를 통해 서양 관련 서적과 과학기계가 들어 온 것에 주목했다. 이 시기에 실증적인 학풍의 사람을 '실학파', '실사구시학파'로 통칭했다. 이 학파의 거두로 정약용과 박지원을 들고 있다.[25] 그런데 문제는 과학문

23) 林光澈, 『李朝封建社會史研究』, 朝聯文敎部, 1949. 7, 87쪽.
24) 林光澈, 『李朝封建社會史研究』, 朝聯文敎部, 1949. 7, 87~88쪽.
25) 林光澈, 『李朝封建社會史研究』, 朝聯文敎部, 1949. 7, 101쪽.

명과 함께 들어 온 천주교의 포교라고 했다. 천주교는 남인들 사이에 학문으로 연구되었고 과학지식과 달리 민간에 유포되는데, 임광철은 이승훈의 세례를 역사적 사건으로 평가했다.[26] 그리고 이 장의 결론을 다음과 같이 내리고 있다.[27]

> 침체하고 부패한 이조사회에 일진의 청신한 바람을 보내던 서양 과학문명의 영향도 천주교와 함께 쓰러지고 말았다. 그 때의 조선의 사회경제는 그러한 새로운 요소를 받아드려서 소화할만한 토대가 되어 있지 않았다.

제13장 상업형태에 대해서는 유럽의 봉건사회를 무너트리고 근대적 자본주의 사회를 실현하게 한 전제조건이 상업의 발달임을 설명하면서, 조선의 봉건사회를 보는데도 전기자본이 어떤 정도로 발달했으며, 그것이 어떤 형태로 역할을 했는지가 중요하다고 했다. 임광철은 조선의 경우는 상업 행위는 일반적으로 시장에서 해 왔다고 한다. 특히 영정조 시기는 통계에 의하면 전국에 1,064개소였다고 한다. 그러나 시장의 매매는 생산자와 소비자의 직접 교환이었으므로 상인이 그리 많이 필요가 없었다고 했다. 상인의 대표적인 세력은 보부상과 육의전을 들고 있다.[28]

---

26) 임광철은 '역사적 연대'로 기술하고 있다.(林光澈, 『李朝封建社會史研究』, 朝聯文教部, 1949. 7, 103쪽.)

27) 林光澈, 『李朝封建社會史研究』, 朝聯文教部, 1949. 7, 106쪽.

28) 林光澈, 『李朝封建社會史研究』, 朝聯文教部, 1949. 7, 108~109쪽.

제14장은 양반적 수탈양식을 조세제도로 그 내용을 설명한다. 임광철은 조선의 경우 농업이 사회의 기본적인 생산이었으므로 양반계급의 국가적인 수탈은 주로 농산물이 그 대상이었고 조(租)와 세(稅) 명목으로 농작물을 수탈했다고 한다. 그리고 공물이라고 하여 각 지방의 특산물인 수공업생산물을 수탈하는 제도와 병역 또는 부역으로 노동력을 수탈하는 제도가 있었다고 했다.[29] 모든 수탈은 국가에 의해 진행되었고, 양반은 소극적으로는 유교 등을 통해 소비생활을 극도로 제한했다는 것이다.

제15장은 봉건제의 파정을 토지국유제의 붕괴, 재정의 고갈, 생산의 황폐화로 설명하는데, 조선에서 전제의 근간이었던 과전제가 모순을 품고 있었던 것은 출발과 동시에 고려의 사전을 인정했던 것에서라고 했다. 특히 과전제는 사화(士禍)에서 그 싹을 볼 수 있고, 당파싸움에서 심각해졌으며, 임진왜란 이후 전국적으로 문란의 현상이 격심해졌다고 한다.[30] 아울러 농민의 생산물은 양반들이 빼앗아 가기 위한 것으로 아무리 풍년이라도 한 달 먹을 식량의 여유가 없었다고 한다. 결국 양반이나 아전들은 사복을 채우고 농민들은 가렴주구와 고리자본에 침식당하여 빈궁화의 길을 가게 되었다고 한다.

29) 林光澈, 『李朝封建社會史硏究』, 朝聯文敎部, 1949. 7, 112쪽.
30) 林光澈, 『李朝封建社會史硏究』, 朝聯文敎部, 1949. 7, 122쪽.

임광철은 제16장 인민의 반항에서는 '임거정(林巨正)'과 홍경래에 대해 특필했다. 그는 조선은 신분적 차별이 엄격했고, 이것이 경제적 착취를 의미하여 이로 인한 불평과 반항은 조선시대 내내 시종일관했다는 것이다. 그 예로 초기의 경우로 임거정의 반항, 그리고 중기 이후가 되면 관서 일대가 늘어났으며 이괄과 홍경래난으로 이어졌다고 한다.[31] 관서지방의 농민 항쟁은 '중간적 신분'이 가담한 형태로 남부의 순수 농민의 반항과 다른 형태였다. 본질은 농민이 불가피하여 일으킨 항쟁이라는 점이라고 할 수 있다. 이후 1862년 진주의 농민 항쟁은 '동학난'으로 이어져 갔다고 한다.[32]

제17장에서 임광철은 조선의 경우 교환경제의 발달을 볼 수 없다면서, 상업자본도 지위를 갖지 못했다고 한다. 화폐가 발달하지 않았지만 고리자본적인 방식으로 생산계급을 수탈하는 방법이 왕성했다고 한다.[33] 아울러 고리자본적인 방식으로 토지를 겸병하고, 가렴주구를 촉진하여 조선의 토지국유제는 의제화되었으며, 봉건제의 경제적 기초가 상실되었다는 것이다. 이런 방식이 현저해진 것은 17세기 초로 설명했다. 또한 고리대차는 조선말이 되면 국가적으로 공공연하게 실시되어 갔다고 한다. 특히 '세도(勢道)'를 고리자본의 작용이 기초가 되었다

31) 林光澈, 『李朝封建社會史研究』, 朝聯文教部, 1949. 7, 130쪽.
32) 林光澈, 『李朝封建社會史研究』, 朝聯文教部, 1949. 7, 134쪽.
33) 林光澈, 『李朝封建社會史研究』, 朝聯文教部, 1949. 7, 135쪽.

고 해석하고 있다.[34]

특히 고리자본이 한국에서 전(前)자본주의시대에 미친 영향에 대해 다음과 같이 서술하고 있다.[35]

> 이러한 고리 자본의 작용은 화폐의 발달과 병용하여 더욱 확대하여 갔다. 그러나 그것은 위에서 본 것과 같이 어디까지나 새로운 생산력의 발전을 수반하는 독자적인 발전이 아니고 국가권력, 양반 상인고리자본이 유기적으로 결부되어 불가분의 관계를 가지거나, 또는 양반을 자신의 손으로서 농민을 대상으로 한 기생적 착취관계의 강화수단으로서 발달한 것이었기 때문에 봉건제를 근본적으로 개혁하고 새로운 계급관계를 이에 대치하는 방향으로 나가지 못하고 아세아적인 여러 나라에서 보는 것과 마찬가지로 아세아적인 봉건전제국가를 재편성하는 방향으로 밖에 나가지 않았다. 그것은 생산에 있어서 아세아적인 정체성을 띠고 있는 우리나라 전자본주의시대의 숙명적인 행로였다.

4) 제4편

제4편은 제18장 '말기의 정치권력', 제19장 '농민의 혁명운동', 제20장 '식민화 과정'으로 구성되어 있다.

임광철은 제18장에서 족보로부터 조선 말기 사회의 공동체적 한계와 이것이 외세에 적극적으로 대응하지 못한 사실에 주

---

34) 林光澈, 『李朝封建社會史研究』, 朝聯文敎部, 1949. 7, 139쪽.
35) 林光澈, 『李朝封建社會史研究』, 朝聯文敎部, 1949. 7, 139쪽.

목하고 있다. 구체적으로는 총 7절을 두어 조선 봉건 사회의 정치적 한계를 밝히고 있다. 결국 갑신정변을 통한 자본주의를 수용하려고 하는 시도도 실패했다는 것이다. 조선의 경우 족보로 맺어진 결합은 지연적이면서 혈연적이었다. 재산도 공유하는 것이 많았다. 그는 씨족공동체와 비슷한 유제가 많이 남아 있는데 그것은 향약과 계로 강화되었다고 한다.[36] 그리고 이런 공동체적인 결합은 더욱 강화되어 사회의 정치적인 관계의 표면에 나타났다는 것이다. 순조 이후의 세도 정치가 국가의 정치세력을 구성하게 되었다고 한다. 이에 따라 조선 후기의 대표적인 세도가로 안동 김씨와 풍양 조씨를 들고 있다.

나아가 임광철은 척족세력에 대해 비판을 하고 있다.[37] 특히 대원군의 진출에 대해서는 안동 김씨의 세도뿐만 아니라 풍양 조씨까지도 궁중에서 쫓아냈다고 평가했다.

그는 '양요'를 서양 자본주의 세력의 파급이라고 했다. 고종 원년 러시아인이 경흥에 출몰한 사건[38]과 병인양요와 신미양요를 들고 있다. 특히 척화비에 대해 '세계의 자본주의에 대한 도전이었고, 동시에 세계사에 대한 도전'으로 평가했다.

아울러 운양호사건에 부제를 부쳐 '강화조약(江華條約)'이라고

---

36) 林光澈, 『李朝封建社會史研究』, 朝聯文敎部, 1949. 7. 142쪽.
37) "척족의 대립은 선조조 이래로 뿌리 깊이 남아 있던 당파싸움과 결부되어 상대편의 결점과 죄상을 서로서로 폭로하여 쫓아내기를 임삼고 있었는데"(林光澈, 『李朝封建社會史研究』, 朝聯文敎部, 1949. 7. 146쪽.)
38) 1864년 러시아인이 경흥부사를 통해 서한을 보내 통상을 요구한 사건이다.

표기하고 조선 정부는 '외국자본주의세력'과 강화라는 명목으로 그 세력 아래 무릎을 꿇게 되었다고 하면서, 일본 제국주의에 대해 다음과 같이 평가하고 있다.[39]

> 일본은 국내에 반봉건적인 제국주의를 확립하여 군사적으로 다른 나라의 영토를 침략하지 않으면 안 되었다. … 일본의 자본주의는 초기부터 서양의 제국주의를 본받아 군사적이고 봉건적인 제국주의로서 장성했다.

그는 세계 자본주의가 제국주의화하여 조선이 분할의 대상이 되었을 때에도 양반들은 '아세아적 봉건사회'의 지배자로서 연명할 길을 찾았지만[40] 불가능한 일이었다고 평가한다.

계속해서 임광철은 제19장에서 '농민의 혁명운동'에 대해 서술하고 있다. 그는 여기에서 구체적으로 '민난의 봉기', '동학', '1894년의 농민전쟁'으로 절을 배치하여 언급하고 있다. 그는 농민의 어려움이 결국 민란의 원인을 제공했고, 19세기 말 조선의 민란은 상민계급을 중심으로 하는 '반항운동'으로 전개되었다고 한다.[41]

임광철은 동학은 민란을 조직화하고 지도했다고 한다. 그는

39) 林光澈, 『李朝封建社會史硏究』, 朝聯文敎部, 1949. 7, 157~158쪽.
40) 林光澈, 『李朝封建社會史硏究』, 朝聯文敎部, 1949. 7, 165쪽.
41) 林光澈, 『李朝封建社會史硏究』, 朝聯文敎部, 1949. 7, 169쪽.

동학의 기원을 최복술[42]이 포교제민을 선언한 것에서 찾고, 서학에 대립하여 동학을 창도했다는 것이다.[43] 이 동학은 종교로서 반동적인 색채가 농후했는데, 실제로 전봉준이 동학의 조직력을 이용하여 농민들의 기세를 혁명운동으로 전개시켰다고 평가했다.[44] 그리고 반외세, 반봉건투쟁인 "동학당난(東學黨亂)"은 조선사에서 가장 큰 계급적 혁명운동[45]으로 자본주의 국가의 침략에 희생되고 말았다고 한다. 동학은 계급혁명적인 색채도 혁명을 지도할 이론도 없었다는 것이다.

마지막 장인 제20장은 '이조정권의 몰락', '민권운동과 의병운동', '토지조사', '삼일운동 이후의 조선사회' 등에 대해 서술하고 있다. 여기에서 임광철은 청일전쟁과 러일전쟁을 거치면서 조선은 식민지화되었다면서 그 속도가 유사가 없을 정도로 빨랐다고 한다. 이른바 민족 반역자들을 '압잡이'로 표현하고 있다. 특히 조선 왕권이 몰락하는데 '가장 굳세게' 싸운 것은 의병운동과 민권운동이라고 했다.[46]

한편 1910년 '합병' 이후 조선총독부는 각종 법령을 통해 토

---

42) 최제우의 아명이다. 호는 제우(濟愚)이다.

43) "떠들고 다니었다"고 하는 식의 표현을 한다.(林光澈, 『李朝封建社會史研究』, 朝聯文敎部, 1949. 7, 170~171쪽.)

44) 임광철은 전봉준을 '조선 근대의 대혁명가'라고 칭했다.(林光澈, 『李朝封建社會史研究』, 朝聯文敎部, 1949. 7, 172쪽.)

45) 林光澈, 『李朝封建社會史研究』, 朝聯文敎部, 1949. 7, 176쪽.

46) 林光澈, 『李朝封建社會史研究』, 朝聯文敎部, 1949. 7, 185쪽.

지 약탈의 길을 갔던 사실에 주목했다. 그는 이 토지조사로 새롭게 생긴 지주는 대개 양반계급이라고 했다. 실제로 토지조사는 조선의 토지를 생산계급으로 빼앗고,[47] 나아가 금융정책은 조선의 '토착지주계급'에게서 토지를 약탈했다고 평가한다.

이런 가운데 민족자결주의의 영향을 받아 1919년 3·1운동이 일어났다. 이 운동을 임광철은 거족적인 민족독립운동으로 '반일투쟁'이라고 서술했다. 그리고 '조선현대사'의 출발점으로[48] 여기에서의 주력은 농민 대중이었다고 한다.[49]

임광철의 저서 『이조봉건사회사연구』는 현실적 요구에 충실한 책이다. 필자가 자평했듯이 자료의 부족으로 조선 봉건제도에 대한 결론을 적극적으로 내리지는 못했지만, 대중서로서의 의미는 충분했던 책이다.

『이조봉건사회사연구』이 다루고 있는 조선시대는 대부분의 국내의 개설서는 유교적 국가로 규정하고 이에 기초해서 서술하여, 성립, 발전, 좌절 등의 역사로 보고, 이후 개항기는 별도로 취급하고 있다.[50]

본질적으로 임광철은 『이조봉건사회사연구』를 쓰는 목적을 명확히 했다. 그는 첫째, 사람의 역사는 다섯 가지의 기본적인

....

47) 林光澈, 『李朝封建社會史研究』, 朝聯文教部, 1949. 7, 195쪽.
48) 林光澈, 『李朝封建社會史研究』, 朝聯文教部, 1949. 7, 197쪽.
49) 林光澈, 『李朝封建社會史研究』, 朝聯文教部, 1949. 7, 195쪽.
50) 고려대학교 한국사연구소 편, 『한국사』, 새문사, 2014.

생산관계의 양식을 취해 왔다면서 시작했다. 둘째, 아세아적 사회라고 하는 동양에 있어서는 그것이 구라파에서와 같이 순수한 형태로 발전하지는 않았지만 본질적으로는 자본주의 이전의 생산양식은 원시공산체와 노예제와 봉건제 이외의 역사가 아니었다고 하는 인식에서 출발했다. 셋째, '우리나라'의 역사에 있어서도 그것은 공식의 적용으로서 그런 것이 아니고 실제에 있어서 세계사적인 발전형태를 취하여 왔다고 판단했다. 넷째, 봉건제 속에 전봉건제적인 제관계가 보다 농후하게 남아 있었으므로 사회의 발전은 극히 기형적인 과정을 취했다고 보았다. 다섯째, '우리나라' 역사의 봉건제는 그 특징이 명확하지 못함과 동시에 시대의 연대적인 구분에 있어 아주 명확하지 못하다고 판단했다.

임광철은 왕조사 중심의 역사가 아닌 역사를 보는 것을 『이조봉건사회사연구』의 서술 목적임을 분명히 했다. 여기에 임광철은 철저했던 사람이다.[51]

....

51) 한국의 대표적인 개설서인 이기백의 저서 『한국사신론』(이기백, 『한국사신론』, 일조각, 1997)은 통사이지만 조선시대와 근대시기를 서술하는 큰 틀에 있어 『李朝封建社會史研究』와 유사성이 보인다. 조선시대 다루는 장이 제9장 양반사회의 성립, 제10장 사림세력의 등장, 제11장 광작농민과 도가상인의 성장, 제12장 중인층의 대두와 농민의 반란으로 총 4장이다. 아울러 근대사는 제13장 개하세력이 성장, 제14장 민족국기의 대동과 제국주의의 침략이라고 하여 3·1운동기까지를 다루고 있다. 물론 역사 용어와 개념에 있어서는 많은 차이가 있는 것은 사실이다.

2. 임광철의 『조선역사』(중)과 『어린이 국사』(하)의 조선시대 인식

조련이 간행한 『조선역사』와 『어린이 국사』 등도 임광철이 주도적으로 간행한 책이다.

임광철 역사 연구의 구체상 파악의 성공의 결과물은 조선시대 연구라고 생각한다. 『이조봉건사회사연구』와 함께 그의 『조선역사』(중)과 『어린이 국사』(하)를 통해 조선시대, '이조사' 인식도 확인할 수 있다.[52]

먼저 『조선역사』(중)은 『조선역사교재초안』(중)으로 '이조사'를 다루고 있다. 총 24쪽으로 1쪽에서는 역시 '촌언(寸言)'이라는 제목이 없지만 그 내용이 보인다. 여기에서는 하권의 간행을 월말까지 한다는 공지를 하고 자료 제공을 적극적으로 권하고 있다.[53]

책은 '이조사 개설'이라는 제목으로 시작한다. 본서는 제1편이 조선 전기, 제2편은 임진왜란과 병자호란의 양란, 제3편은 조선 후기와 문호개방기를 다루고 있다. 특히 제3편의 마지막 장은 '합방전야'로, 이 부분만 개조식으로 서술하고 있다. 그리고 민족의 생명력과 지구적인 힘이 간도로 진출하고 만주를 개척했다고 하면서 이 사실을 잊어서는 안 된다고 하고 책을 마

---

52) 朴慶植 編, 『在日朝鮮人關係資料集成』(戰後編)(6卷), 不二出版社, 2000 참조.
53) 林光澈, 『李朝封建社會史研究』, 朝聯文敎部, 1949. 7.

치고 있다. 주요한 문화적 현상과 관련된 서술 내용이 전권에 비해 적은데 그 내용을 보면 다음과 같다.

먼저 '이조'의 개국을 '개국혁명'으로 표현하고 불교에서 유교로 '정치이념'의 변화를 서술하고 있다. '고려사'와 '경국대전'의 제작을 구체적으로 기술하여, '이조'의 법리도 민중에 주목했고 민중의 실생활의 추이에 따랐다고 했다. 이것은 민중의 힘이 무시할 수 없게 되는 과정을 보여주는 증거라고 했다.

'이조의 불교'를 기술할 때는 '이조시대'의 민중생활의 기초가 유교에 있다면서도 실제 민중의 생활에는 불교에 의지하는 바가 크다고 했다. 특히 국가에 변란이 있을 때는 불교에 의지하는 바가 절대적이었고, 불교는 풍속, 습속과 함께 민중 속으로 녹아 들어가 있다고 했다. 이에 비해 유교는 차별의 종교로 불교의 '평등무차별'적 성격과 대비시키고 있다.

임진왜란의 기술에는 두 장을 할애했다. 여기에서는 이순신의 역할에 주목하여 그의 전쟁 준비 과정과 전과를 상술하고 있다. 그리고 무기의 발명을 특기하여 '귀선'과 '비격진천뢰포', '비차', '화차' 등에 대해 적기하고 있다. 특히 거북선인 '귀선'은 이순신이 이전에 있던 귀선을 개량 완성한 것이라고 했고, '화차'는 탱크에 해당된다고 표현했다.

그는 중인계층의 등장을 서술하면서, '국학'의 등장에 주목했다. 이 '국학'은 실학을 의미한다. 여기에서 학문의 태도가 변하여 실제를 추구했고, 구체적인 저술로 『반계수록』26권을 들었다. 동시에 민중의 각성을 거론하면서 '정감록'과 '동학'에 주목했다. 특히 동학이 '사회운동'으로 변화된 사실을 기술하고 청일전쟁에 원인을 제공했다고 한다. 대원군과 양요, 세도정치, 그리고 '개화독립당'을 각각 독립된 장으로 구성하면서 결론은 '동학당을 중심으로 일어난 민중의 개혁운동도 청국을 의지하는 민비일파의 보수당 세도에 그 목적을 달성치 못하고 중인계급에서 일어난 개화독립당의 혁명도 실패하고, 민비의 세도야망의 간계로 중도에서 부패하고 말았다'고 평가했다. 합방 전후를 거론할 때는 '결사'로 헌정연구회, 상업회의소, 국민교육회, 여자교육회, 흥사단, 한성부민회, 협성회, 대한부인회를 들고 있다.

그런가 하면 『어린이 국사』(상)에서 이성계를 등장시킨 임광철은 『어린이 국사』(하)에서 조선시대의 역사를 주 대상으로 서술했다. 이 책의 주요한 내용을 보면, 조선시대부터 해방 때까지이다.

먼저 조선시대는 제1과 이태조, 제2과 양반과 상민, 제3과 여무진 나라, 제4과 단종이야기, 제5과 양반들의 싸움, 제6과 이황과 이이, 제7과 임진난, 제8과 병자난, 제9과 정약용과 박지원, 제10과 상민의 살림(1), 제11과 상민의 살림(2), 제12과 세도와 대원군, 제13과 서양 사람들, 제14과 외국의 힘, 제15과 군란과 정변, 제16과 동학난 이후, 제17과 일본의 주목으로 구성했다. 그리고 제18과 나라를 파는 사람과 찾으려는 사람들,

제19과 3·1운동, 제20과 새로운 살 길, 제21과 학생사건, 제22과 해방되기까지, 제23과 우리차지로 되어 있다. 또한 조선의 역대 국왕의 '약계'와 어린이 국사 연표를 첨부하고 있다.

『어린이 국사』(하)는 조선시대의 초반을 거론했다. '우리나라에 새로 왕이 된 이성계'라고 표현하고 '국민'의 지지가 없었던 사실을 밝히고 있다. 동시에 유교적 제한성, 당파싸움의 한계 등에 대해 구체적으로 서술하여 어린이들에게 역사인식을 제공하고자 했다.

또한 전통시대의 신분 차별 문제, 시대의 변화를 이끌었던 사람 등에 주목하면서 자연스럽게 애국과 친일의 범주를 인물을 거명했다. 특히 공산주의의 영향과 공산주의가 우리 역사에서 차지하는 위치를 적극적으로 평가했다. 결론적으로 잘살기 위한 길은 배우는 것에 있다고 하면서 어린이들의 적극적인 학습을 독려하고 있다

위와 같이 『조선역사』(중)과 『어린이 국사』(하)는 기본적으로 『이조봉건사회사연구』와 동일한 시기인 조선시대를 같은 입장에서 서술하고 있다.

임광철의 서술 태도를 보면, 적극적인 이성계에 대한 평가와 중인 중심의 서술을 했던 점이 주목된다. 동시에 그는 적극적인 대항적 대외관계 등에 주목했다. 그러나 단어의 사용과 서술의 수준은 다소 차이가 있다.

5장

임광철의
재일조선인사 연구

1. 재일조선인 상태 인식

임광철은 재일조선인 사회를 대표했다.[1] 전술했듯이 해방
공간 일본에서 조련을 한 시기 대표했던 인물이다. 그는 조련
의 한 가운데 자신의 이념에 충실하면서 재일조선인 사회를 이
끌었다. 당시 조련은 1945년 10월 15일에 결성된 광범위하게
'동포'들을 망라한 전후 첫 통일적 조직이다.[2]

재일조선인 사회의 현실적 필요는 역사 연구로 이어졌다.
한국사 전반을 다룬 저서를 갖고 있던 임광철은 재일조선인
문제에 대해서도 적극적으로 연구를 진행했다. 재일조선인사
에 대한 그의 연구는「재일조선인문제−그 역사적 발전에 대하
여−(在日朝鮮人問題−その歷史的發展について)」에 전반적으로 정
리되어 있다.[3] 이미 그는 이 글을 쓰기 전에「도항사−아울러
그 성격(渡航史−並にその性格)」(『民主朝鮮』 33, 1950. 7)을 통해 '도항'
의 과정을 정리하고 있다.[4]

---

1) 김인덕,「전후 재일조선인 마이노리티의 역사연구−임광철의『李朝封建社會
史研究』를 중심으로−」,『마이너리티와 인권』(재일제주인센터 국제심포지움),
제주대학교 재일제주인센터, 2015 참조.
2) 김인덕,『재일본조선인연맹 전체대회 연구』, 서울, 경인문화사, 2007.
3) 林光澈,「在日朝鮮人問題−その歷史的發展について」,『歷史學研究別冊』,
1953. 6, 66쪽.
4) 아울러 일반 역사와 관련하여, '조선민족해방운동사'를 정리한 글로「朝鮮解
放運動史(1)」(『歷史評論』, 1951. 3)이 있다. 3·1운동에 대해서는「三一運動に
於ける歷史的なもの」(『民主朝鮮』 26, 1949.)라는 논문도 있다.

임광철은 재일조선인, 즉 조선인으로, 자신의 현실 투쟁의 필요에서 재일조선인 문제에 주목했다. 그는 재일조선인[5] 문제의 중요성을 세 가지로 들고 있다.

> 첫째, 제국주의의 침략전쟁의 희생에서 생명과 자유를 지키기 위한 과제로, 둘째, 일본과 다른 민족이 일본 내에서 일본의 독립과 평화, 민주주의를 위한 투쟁 대열에서 차지하는 위치 때문, 셋째, '조선'의 정치적 정세와 관련하여 제2차 세계대전 이후 세계사에서 새로운 발전으로 제기된 새로운 민족문제 가운데 특수한 사례[6]

그는 「재일조선인문제-그 역사적 발전에 대하여-」라는 논문을 크게 넷으로 나누어 서술했다. 첫째, '이주'[7]문제, 둘째, 상태(일제-1953년), 셋째, 전전의 재일조선인운동사, 넷째, 전후 재일조선인운동사이다.

임광철의 재일조선인 문제에 대한 연구에 대해 보자. 먼저

---

5) 임광철은 '재일조선인'이라는 개념을 쓰고 있다.
6) 林光澈,「在日朝鮮人問題－その歴史的發展について」,『歷史學研究別冊』, 1953. 6, 66쪽. 한편 여기에서 나아가 재일조선인운동사 연구의 필요성이 박경식에 의해 제기되면서 임광철의 연구는 보다 심화되었다고 보인다. 박경식은 그의 책에서 첫째, 재일조선인운동이 실천적 과제인 남북통일과 권리옹호에 부응하기 위한 이론적 구축을 심화시키기 위해, 둘째, 재일조선인운동이 민족해방운동과 사회발전에서 수행한 역할을 정당히 평가하고 의의를 정확히 파악하기 위해, 셋째, 노동운동과 반제 그리고·반전 민주화 투쟁에서 재일조선인의 역할과 일본인과의 국제적 연대를 강화하고 그 역할과 의미를 정당히 평가하기 위해 재일조선인운동사 연구의 필요성을 제기했다.
7) 임광철은 시종일관 '도항'이라는 표현을 쓰지 않고 있다.

이주의 역사를 정리한 임광철은 재일조선인 문제는 일본제국 주의의 소산임을 밝히면서, '조선인의 일본이주'에 대해 거론하고 일본이 조선인에게 이주의 대상지가 된 것을 1915년 이후라고 했다. 그리고 이에 따라 논문에서 1915년부터 재일조선인 인구 3,989명의 증가를 서술하고 있다.[8]

이렇게 통계를 제시하면서 그는 '재일조선인'의 수적 증가를 전전의 경우 세 번에 걸쳐 진행되었다고 했다.[9]

첫째 '급증기'는 1915년부터 1918년까지의 기간으로 일본의 경우 제1차 세계대전기로 군수경기가 호황을 누릴 때로 노동력이 무한정 필요한 시기라고 했다. 당시 조선은 토지조사사업이 '거의 완성에 이르는 시기'로 농민의 이촌은 급증했다.

둘째 '급증기'는 1922년부터 1924년까지의 3년 동안이라고 했다. 이 시기에 일본제국주의는 조선인 지주와 자본가를 회유하고 노동자, 농민의 착취를 강화했고, 일본노동자의 임금 인하를 위한 예비대로 조선인을 이용했다. 특히 1923년 관동대지진 조선인학살 이후 인구 증가에 주목하고, 당시 '조선인 학살'이 집중적으로 나타났다고 적기하고 있다.[10] 1925년의 경

---

8) 林光澈「在日朝鮮人問題－その歷史的發展について」,『歷史學硏究別冊』, 1953. 6, 66쪽.
9) 林光澈,「在日朝鮮人問題－その歷史的發展について」,『歷史學硏究別冊』, 1953. 6, 66~67쪽.
10) 林光澈,「在日朝鮮人問題－その歷史的發展について」,『歷史學硏究別冊』, 1953. 6, 67쪽.

우 도항증명서를 경찰이 발행한 경우는 비교적 유복한 학생과 상인에 한정하여 허가되었다고 했다.

셋째 '급증기'는 1932년 이후라고 했다. 1938년에는 약 80만 명의 조선인이 일본에 건너갔다는 것이다.[11]

한편 그는 '강제연행'이라는 표현은 쓰지 않고 있지만 다음 과 같이 서술적으로 강제연행에 대해 주목하고 있다.

> 태평양전쟁 시기에는 조선의 청년이 징용 또는 노무동원이 라는 명목으로 강제적으로 일본에 연행되었다. 당시의 정확 한 수자는 지금 분명하지 않은데, 크게 잡아 2백만이었다고 한다.[12]

전술했듯이 임광철은 재일조선인 문제를 일본제국주의의 식민통치의 결과물로 생각했다. 그는 '조선문제'의 일부로 자 리매김했다. 동시에 전전 재일조선인의 상태와 해방 공간 재 일조선인의 모습을 각종 자료를 통해 언급하고 있다. 그 근거

---

11) 이러한 재일조선인 인구이동의 역사는 병합 이후인 1910년 뒤인 1911년에는 2,500여 명으로 급증했다. 그리고 1917년부터 제1차 세계대전의 영향으로 호황기를 맞은 일본회사의 본격적인 조선인 노동자의 모집으로 증가를 보이 고, 1929년 공항의 극복과정의 연결선에서 1932년 인구증가를 그리고 강제 연행기 도항 조선인의 증가가 확인되면서 1944년까지 계속 증가했다고 할 수 있다. 김광열은 1910~40년대 재일조선인의 일본 이주를 시기로 별 특 징짓고, 1920년: 집중 거주지 출현, 1920년대 전반: 대도시 주변으로 이동, 1920년대 후반: 대도시 중심으로 집주 거주지 형성, 1930년대: 정주 현상의 확대, 1930년대 후반: 정착 심화로 서술하고 있다.(김광열, 『한인의 일본이 주사 연구-1910~1940년대-』, 논형, 2010, 222~238쪽.)

12) 林光澈, 「在日朝鮮人問題-その歷史的發展について」, 『歷史學研究別冊』, 1953. 6, 67쪽.

를 각주나 참고문헌을 통해 밝히고 있지 않다.

그의 재일조선인의 해방 공간 상태와 관련한 분명한 입장은 귀국을 전제로 생활을 재일조선인의 대다수가 했다는 것이다.[13] 그리고 일제 강점기 재일조선인의 상태를 직업별, 임금구조, 주거문제, 문맹의 문제와 관련하여 서술하고 있다.[14] 특히 1931년 통계를 갖고, 재일조선인의 총수가 30만이 넘는데, 이 가운데 약 6할이 노동자라고 하면서, 전 노동자의 반이 자유노동자라고 했다. '근육노동자'로 표현하고 있다. 또한 1930년 6월의 조사는 오사카의 경우는 조선인의 3할이 직공이라고 했다.[15]

당시 조선인의 임금은 30명 이상의 공장에서는 일본인 노동자의 평균임금이 2원 5전이고, 조선인 노동자는 1원 22전으로 1/2을 조금 상회하는 수준이라고 했다. 이런 구조가 조선인이 가정을 갖기 어렵게 했다면서, 1930년의 경우 31만 명 중에 53%가 가정을 갖고 있는데, 가정이 없는 다수는 열악한 거주환경에 처해 있다고 했다. 또한 전 인구의 8할이 완전히 문자를 모르는 상태로,[16] 1930년 통계에는 '조선문'도 '일본문'도 모

13) 林光澈, 「在日朝鮮人問題－その歷史的發展について」, 『歷史學硏究別冊』, 1953. 6, 67쪽.
14) 林光澈, 「在日朝鮮人問題－その歷史的發展について」, 『歷史學硏究別冊』, 1953. 6, 67~68쪽.
15) 林光澈, 「在日朝鮮人問題－その歷史的發展について」, 『歷史學硏究別冊』, 1953. 6, 68쪽.
16) 林光澈, 「在日朝鮮人問題－その歷史的發展について」, 『歷史學硏究別冊』,

르는 사람이 60%라고 했다. 생활용어로 '일본어조차' 재일조선인의 경우 잘 알지 못한다고 했다. 흥미로운 사실은 1950년 12월의 에다가와쵸(枝川町)의 상태는 17.8%가 일본어를 쓰고 읽을 수 있다고 했다.[17]

1910년 '한국병합'으로 조선인은 자신들의 의사와 무관하게 일본 국적의 '제국 신민'으로 편입되어 간 것은 분명한 사실이다.[18] 재일조선인은 이렇게 출발했다.

2. 전전 재일조선인(운동)사 인식

임광철은 1945년 해방 이전 이른바 전전의 경우 일본에 간 재일조선인은 절대로 행복하지 않았다고 보았다. 따라서 재일조선인은 오랫동안 자신의 해방을 위해 싸웠다는 것이다.

그는 실제로 일본에 간 재일조선인은 민족적, 계급적 이중의 고통에 시달렸고, 천황제와 자본주의에 대해 철저하게 '적개심'을 갖게 되었다고 했다. 나아가 '본능적이라고 말할 정도로 풍부한 혁명적 힘을 갖고, 농민적 순박함과 때로는 격렬함

....

1953. 6, 68쪽.

17) 한편 1930년 오사카 조선인 공장노동자를 대상으로 한 교육 정도 조사를 보면 남자 조사응답자 7,459명 가운데 7명만이 당시 야학에 재학했다.(大阪市社會課, 「朝鮮人勞動者の近況」, 1933; 朴慶植 編, 『在日朝鮮人關係資料集成』 5, 不二出版社, 1976, 797쪽.)

18) 미즈노 나오키·문경수 저, 한승동 옮, 『재일조선인: 역사, 그 너머의 역사』, 삼천리, 2016, 24쪽.

도 지닌 존재가 재일조선인'이라고 했다.

분명한 것은 재일조선인의 일본에서의 투쟁은 처음부터 '일본노동자계급의 둘도 없는 친구'가 있어 시작되었다고 했다. 문제는 1919년까지 이런 투쟁을 이끌어 갈 올바른 방향의 사상적, 조직적 체계가 미약했다고 한다.

일본에서 재일조선인의 최초의 기록해야 할 반일운동은 3·1운동에 앞서 있었던 '도쿄 유학생의 운동'이라고 했다. 문제는 이 운동이 일본인 대중과 '재일조선인'에 대해 어떤 대중적 움직임을 하게 만들지 못한 '소수 학생만의 문서 활동'이라고 규정한다.[19] 동시에 '반봉건적인 입신양명을 위한 운동'으로 평가했다.[20]

특히 임광철은 1922년 일본공산당 창립 이후 '선진적 혁명사상과 운동이 확대 발전'할 때, 도쿄의 일부 유학생과 지식인 사이에 일본 혁명운동의 영향으로 '사상결사'[21]가 나타났고, 계급사상의 선전 계몽활동과 운동이 시작되었다고 했다.[22] 당시에는 사상적으로 저급한 무정부주의와 사회주의가 구별되지

----

19) 그는 여기에서 재일조선인운동의 올바른 출발은 10월 사회주의 혁명 이후, 이와 연계된 일본과 조선에서의 혁명운동의 발전과 연계된 것에서라고 했다.(林光澈, 「在日朝鮮人問題-その歷史的發展について」, 『歷史學研究別册』, 1953. 6, 69쪽.)

20) 林光澈, 「渡航史-並にその性格」, 『民主朝鮮』 33, 1950. 7, 45쪽. 이러한 그의 역사 인식은 박경식에 의해 재고되고 다양성이 확인되기도 했다.

21) 사상단체를 말한다.

22) 사상단체의 활동은 다음의 글이 주목된다.(朴慶植, 「在日思想團體北星會·日月會について」, 『在日朝鮮人:私の靑春』, 三一書房, 1981.)

않는 단계로 많은 결함을 내포하고 있었다고 비판했다. 그리고 북성회에 주목했다. 이 조직의 국내적 영향도 언급하고 있다. 북성회와 함께 이후 계급의식과 투쟁을 선동한 조직으로 도쿄조선무산청년동맹, 여성조직으로 삼월회를 들고 있다.

이와 함께 임광철은 「도항사-아울러 그 성격」에서는 조선인 유학생이 '코스모스쿠락부', 효민회 등이 주최하는 집회에 관계하여 사상단체, 노동문제에 대해 관심을 갖게 되었다고 했다. 구체적인 운동단체로 무정부주의를 표방한 흑도회의 경우를 거론하고 있다.

한편 1920년대를 서술할 때 그는 일본공산당에 주목했다. 1922년 11월 일본공산당과 연계하여 도쿄조선노동동맹회가 창립되었고, 같은 해 12월 오사카조선노동동맹회가 결성되었다고 했다.[23] 임광철은 이 사건을 사상운동이 노동자 사이에 뿌리를 내리기 시작한 일이라고 평가했다. 그리고 이것으로 1925년 '동서의 노동동맹회가 결합'하여, '재일조선노동총동맹[24]'을 결성하게 되었다고 했다. 이 조직은 1929년 9월 23,500명의 맹원을 갖게 되었다고 서술하는 구체성을 보이기도 했다.

....

23) 위와 관련된 강령 등은 다음의 논문을 참조.(梁永厚, 『戰後 大阪の朝鮮人運動-1945~1965-』, 未來社, 1994, 22쪽.)

24) 재일본조선노동총동맹을 말한다. 재일본조선노동총동맹의 조직 활동은 이후 정리되었다.(김인덕, 『식민지시대 재일조선인운동 연구』, 국학자료원, 1996, 제3, 4, 5장 참조.)

임광철은 국내 운동과 유기적 연관성에도 주목했다. 1927년 조선공산당 일본총국 및 고려공산청년회 일본지부가 도쿄에 설치된 것을 조선공산당과 고려공산청년회 제3차 조직이 결성한 것이라고 했다.[25] 그리고 신간회 도쿄지회가 설치된 것도 '통일전선적 성격'을 갖고 있는 신간회의 일부로 조직되었다고 했다.[26] 이와 함께 민족주의적 제 단체가 포함된 조직으로 도쿄조선인단체협의회를 거론했다. 이런 지적은 임광철의 역시 인식의 구체성을 보여주는 대목이다. 그는 당시 운동 상황을 정확히 인식했다.

그는 1920년대 재일조선인운동은 1928년 8월 29일 '국치기념일' 데모로 조직이 발각되어 36명이 검거, 31명이 치안유지법 위반으로 검거 당했다고 한다. 그리고 1929년 메이데이 전후로 25명이 검거되어 재일조선인운동의 '지도적 간부'의 대다수가 검거되었다고 한다.[27] 이후에는 재일조선인운동이 일

---

25) 林光澈, 「在日朝鮮人問題－その歷史的發展について」, 『歷史學研究別冊』, 1953, 6, 69쪽. 조선공산당 일본부와 일본총국의 활동은 다음의 책을 참조.(김인덕·김도형, 『일본·동남아지역 민족운동』, 독립기념관 한국독립운동사연구소, 2008, 54~61쪽, 78~82쪽.)

26) 이런 사실과 관련하여 흥미로운 서술은 당시 운동의 주도권을 조선공산당과 신간회에 두고 있는 일이다. "이런 혁명적 정당과 대중단체와의 유기적인 연결에 의해 재일조선인운동은 지도되었는데, 이 연대에 있어서의 운동은 대부분 조직적으로는 조선본국의 공산당 및 신간회의 지도 아래 있었다."(林光澈, 林光澈, 「在日朝鮮人問題－その歷史的發展について」, 『歷史學研究別冊』, 1953, 6, 69쪽.)

27) 이것은 조선공산당 일본총국과 고려공산청년회 일본지부의 검거사건으로 보인다.

본공산당의 원조 아래 전개되었고, 일본공산당과 같은 보조를
취하게 되었다.[28]

1929년 재일조선인운동의 방향 전환과 관련하여 임광철은
다음과 같이 서술하고 있다.

> 재일조선인의 일본제국주의에 대한 투쟁은 계급적 해방투쟁
> 의 입장에서의 '민족독립운동'(강조: 인용자)으로 무산계급을
> 중심으로 하는 대중적 기초 위에 조직되었는데 곧잘 일본노
> 동자계급과의 연대가 엷어지는 결함을 갖고 있었다. 1931년
> 10월 코민테른 방침에 따라 조선공산당 일본총국과 고려공
> 산청년회 일본지부는 해체를 결의하고, 재일조선인의 계급적
> 혁명운동은 일본공산당이 지도하는 일본의 혁명운동의 일부
> 로, 그 조직적, 전술적 지도 아래 들어가 일본노동자계급과 혁
> 명적으로 결합하게 되었다.

이후 재일조선인운동은 일본노동자계급의 '해방운동'과 같
은 길을 가게 되었다고 했다.

임광철은 1950년에 발표한 「도항사—아울러 그 성격」에서는
'재일조선인은 역사적 조건이 다르기 때문에, 그리고 구체적인
생활 조건이 다르기 때문에 일본프롤레타리아와 동일한 보조

----

28) 1929년 이후 재일조선인 단체의 활동은 실제로 일본 사회운동 세력과 협력
하거나 독자적인 민족운동을 전개하게 된다. 전자의 경우 노동계급사와 조
선공산당재건투쟁협의회 일본출판부와 일본공산당, 일본공산청년동맹 등의
조직과 활동 그리고 후자의 경우, 동아통항조합, 조선신문사, 민중시보사 등
의 활동을 들 수 있다.

를 취하는 것은 극히 곤란했다'고 한다. 실제로 생활 조건의 역사적 상위는 '재일조선인'이 혁명적임에도 불구하고 항상 민족주의적 편향을 갖은 물질적 기초가 되었던 것도 사실이다.

그런가 하면 임광철은 친일 세력에 대해서도 주목했다. '일본군국주의'는 재일조선인 가운데 이기적 야심가를 이용하여 협화회, 흥생회, 일진회 등의 '어용단체'를 조직했다고 한다. 일제는 재일조선인을 침략전쟁에 이용하려고 기도했고, 이들이 황민화 운동의 선두에 섰다고 했다.[29]

그럼에도 불구하고 재일조선인은 민족적 차별과 억압에 반대하고 침략전쟁 반대를 멈추지 않았다고 했다. 그리고 '다코헤야'에서, 군수공장에서, 군대에서 저항을 멈추지 않았다는 것이다.[30]

이상의 서술 내용을 정리해 보면 다음의 〈표 1〉과 같다.

....

29) 재일조선인 친일단체에 대해서는 김두용이 1947년에 상애회, 협화회, 일심회, 흥생회를 다루고 있다.(金斗鎔,『日本における反朝鮮民族運動史』, 東京, 鄕土書房, 1947) 이후 연구는 상애회와 협화회의 중앙 조직에 주목하고 있다.(M·リングホーフアー,「相愛會－朝鮮人同化團體の步ー」,『在日朝鮮人史研究』9, 1981. 12; 外村大,「親睦扶助團體と在日朝鮮人運動」,『在日朝鮮人史研究』23, 1993; 히구치 유이치 저, 정혜경·김인덕·동선희 역,『협화회』, 선인, 2012. 10.)

30) 강제노동이 구체적인 실태는 최근 강제연행에 대한 국내 연구를 통해 보다 풍부한 내용이 소개되고 있다.(정혜경,『일본제국과 조선인 노무자 공출』, 선인, 2011.)

<표 1> 전전 재일조선인(운동)사에 대한 서술 내용

주요 사건	서술 내용
2·8독립운동	이 운동은 일본인 대중과 재일조선인에 대해 어떤 대중적 움직임을 하게 만들지 못한 소수 학생만의 문서 활동이다.
사상단체	1922년 일본공산당 창립 이후 선진적 혁명사상과 운동이 확대 발전할 때, 도쿄의 일부 유학생과 지식인 사이에 일본 혁명운동의 영향으로 사상결사이다.
재일본조선 노동총동맹	1925년 동서의 노동동맹회를 결합하여, 재일조선노동총동맹을 결성했다.
조선공산당 일본총국 및 고려공산 청년회일본지부	1927년 조선공산당 일본총국 및 고려공산청년회 일본지부가 도쿄에 설치된 것으로 조선공산당 및 고려공산청년회 제3차 조직이 결성하여 조직되었다.
신간회 도쿄지회	신간회 도쿄지회가 설치된 것도 통일전선적 성격을 갖고 있는 신간회의 일부로 조직되었다.
방향전환	1931년 10월 코민테른 방침에 따라 조선공산당 일본총국과 고려공산청년회 일본지부는 해체를 결의하고, 재일조선인의 계급적 혁명운동은 일본공산당이 지도하는 일본의 혁명운동의 일부로, 그 조직적, 전술적 지도 아래 들어가 일본 노동자계급과 혁명적으로 결합했다.
재일조선인 친일단체	재일조선인 가운데 이기적 야심가를 이용하여 협화회, 흥생회, 일진회 등의 어용단체를 조직하여, 재일조선인을 침략전쟁에 이용하려고 기도했다.
강제연행기 저항운동	재일조선인은 민족적 차별과 억압에 반대하고 침략전쟁 반대를 멈추지 않았다. 그리고 '다코헤야'에서 군수공장에서 군대에서 저항을 멈추지 않았다

3. 전후 재일조선인(운동)사 인식

임광철은 1945년 해방에 대해 적극적으로 서술했다. 그는 '제2차 세계대전에서 소련의 역할로 조선민족은 해방'을 맞게 되었다면서, 일본제국주의의 최대의 희생과 피해를 받은 재일조선인과 그 해방운동에 새로운 전환점이라고 서술했다. 그리고 '모두가 생각했던 것은 조금이라도 빨리 귀국하는 것'이라고 했다. 따라서 '조선인 노동자'는 고용주에게 당연히 요구해야할 권리와 배상을 방기하고, 손실을 감수하고 귀국을 선택했다고 한다.[31]

그는 조련, 즉 재일본조선인연맹의 전국조직이 확립된 것에 주목했다. '10월 15일 재일조선인연맹의 전국조직이 확립되었다'고 했다. 그리고 결성 당초부터 민족반역자 '친일파'를 배제할 방침이었다. 특히 임광철은 조련 제2차 전국대회에 주목하여, 1946년 2월 26일 '조련총회'에서 '조선민주주의민족통일전선'에 가맹한 것을 서술하고 있다.

조련의 '미국사령부'와 일본 정부에 대한 전면적 대항으로 1946년 11월 20일 지령, '귀국하지 않은 조선인은 일본의 법률에 복종해야 한다'에 대해 인민대회를 통해 항의했다는 것이다. 실제로 임광철은 조련이 주도한 각종 중요 사건에 대해 잘 알 수 있는 위치에 있었다. 그는 문화부를 다양한 측면에서 주도했고, 이후인 1947년 5월 '외국인등록령'에 저항했다.

재일조선인 민족교육의 중심에 섰던 임광철[32]이었기 때문에

....

31) 해방과 함께 당시의 재일조선인은 귀국에 진력했다.(김인덕, 「해방 후 조련과 재일조선인의 귀환정책」, 『한국독립운동사연구』 20, 2003 참조.)
32) 그의 재일조선인 민족교육 관련 학교를 통한 활동상은 도쿄조선중고급학교

그는 민주적, 자주적 민족교육에 대한 폐쇄에 전면적으로 저항했다. 1948년 한신교육투쟁의 역사적 의미와 구체적 사실을 많은 지면을 할애하여 서술하고 있다.

> 1948년 3월 미군사령부는 일본정부에 명령하여, 재일조선인의 자주적인 교육기관을 폐쇄시키고, 그것은 재일조선인이 조련의 지도 아래, 자제에 민족적 자각을 갖게 하여, 인간으로서의 기본적 권리를 주장하고 민주적 교육을 실시하기 위해 오로지 자주적으로 설립한 5백여 중, 소학교를 폐쇄시키고 조선인 청소년의 인간적 성장을 억제하여 노예의 상태로 떨어트려 조련의 대중적 기초가 되게 하고 있는 부형의 결집을 금지시키려고 했다. 전 일본의 조선인이 분격하여 반대했다. 그 가운데에서도 오사카와 고베(神戸)에서 4월 24일의 투쟁은 공전의 대규모로 전개되었고, 미군은 비상사태를 선언하고, 수천 명을 투옥, 미국제 총은 조선의 소학생을 사살했다. 제8군 사령관은 이 때 조선인의 강제송환을 언명했다. 그러나 이 투쟁에서 조선인은 조련에 결집하여 미군의 침략정책을 세계에 폭로했고, 스스로 교육기관을 지켜냈다.[33]

....

의 경우 확인할 수 있다. (창립10주년기념 연혁사편찬위원회편, 『복각판 도쿄조선중고초창기10년사(1946~1956. 10. 5)』, 종합기획사ウィル, 2008. 3 참조.) 물론 그의 경우 조련의 전체 민족교육에도 적지 않은 영향을 미쳤을 것으로 추정한다.

33) 林光澈, 「在日朝鮮人問題－その歷史的發展について」, 『歷史學研究別冊』, 1953. 6, 71쪽. 1948년 한신교육투쟁은 그 실상이 김경해에 의해 연구되었는데, 그는 미국의 동아시아 패권 장악과 관련하여 제주도 4·3사건과 4·24 한신교육투쟁을 바라보고 있다.(김경해 저, 정희선 외 역, 『1948년 한신교육투쟁』, 경인문화사, 2006.)

특히 1949년 9월 조련의 강제 해산과 연동한 민족교육 탄압에 대해서도 전면적인 서술을 하고 있다. 특히 여기에서는 선진적인 일본인의 지지와 성원에 대해서도 언급하고 있다.

> 50만의 조선인의 혁명적 역량을 봉살(封殺)하기 위해, 9월 조련과 민청의 해산을 강행하고, 파시즘의 본성을 여지없이 폭로했다. 1개월 후에는 재차 조선인의 중, 소학교의 폐교를 무장경찰의 힘으로 강행했다. 이 교육의 탄압에 대해 부형 대중의 맹렬한 반대운동에 의해 효고(兵庫), 도쿄, 가나카와(神奈川) 등의 지방에서는 변칙적이지만 조선인의 교육기관이 존속하게 되었다. 1년 전의 4·24사건 때와 마찬가지로 이때에도 일본의 선진적인 사람들의 많은 지지와 성원이 답지했던 것도 사실이다.

특히 그는 『민주조선』의 기사를 인용하여,[34] 재일조선인의 궁핍은 당시 극에 달했고 실업자는 1948년경에는 약 60%, 1950년 봄에는 80%를 상회했다고 한다.[35] 그는 재일조선인은 경제적으로 해방 전 보다 한층 더 차별과 억압에 직면했다는 것이다.

임광철은 한국전쟁과 관련하여 재일조선인의 동향에 대해서도 적기하고 있다. 그는 여기에 더하여 재일본조선통일민주

---

34) 이찬의, 「재일조선인의 생활」, 『민주조선』, 1950년 7월호 참조.
35) 이와 관련하여 암시장의 신태 연구를 통한 재일조신인의 상황이 확인된다.(박미아, 「해방 직후 재일조선인의 경제활동:1945~1950년 암시장을 중심으로」, 서강대학교 대학원 박사학위청구논문, 2016. 8.)

전선(이하 민전)의 결성을 비합법적인 방법으로 진행되었고, 이것이 조련 결성 이후 첫 전국적 조직이라고 서술하고 있다.

> 또한 새로운 세계대전의 실마리로 6월 25일, 북의 인민민주주의의 건설 파괴를 위해 무력침략을 개시했다. 재일조선인은 조국방위를 위해 모두 궐기했다.[36] 1951년 1월 8일 박해와 탄압에도 불구하고 그리고 부분적인 의견의 상위를 극복하면서 조선통일민주전선[37]을 비합법적인 방법으로 결성하였는데, 그것은 역시 조련 해산 이후 첫 전국적 조직이 되었다. 말할 것도 없이 이 전선은 조선에서 조국통일민주주의전선의 일익으로 조직되었고, 조선민주주의인민공화국을 방위하기 위한 정치전선이었다. 이 전선에 결집한 재일조선인은 일본공산당의 지도 아래 있는 노동자계급과의 굳은 단결로 세계평화와 조국의 통일과 독립을 위해 투쟁….

이런 민전에 대한 평가는 이후 재일본조선인총련합회(이하 총련)가 조직되면서 그 의미가 다소 축소된 부분도 없지 않은 것으로 판단되었다.

역사학자 임광철은 당시의 재일조선인 문제를 일본, 한반도, 세계사적인 관점에서 서술하고 있다.

> 금일의 재일조선인 문제는 이상과 같이 일본의 국내적 요인에 의해 결정되지 않을 뿐만 아니라, 오히려 국제적 특히 조선

---

36) 이것은 역사적 사실이 다르다. 민단에 의한 재일학도병의 참전도 있었다.
37) 민전을 말한다.

민주주의인민공화국의 통일, 독립을 위해 제 투쟁의 정세에
의해 좌우되는 것이 많다. 그것은 서로 대립하는 세계의 두
진영의 전쟁과 평화의 가장 주요한 접점이 된 것과 관련하여
재일조선인은 스스로의 '조국방위'를 위한 애국주의투쟁이 세
계평화와 세계의 노동자계급 및 식민지 피압박 민족의 해방
을 위해 국제주의적 투쟁이라고 생각할 수 있다.

그는 재일조선인 문제를 제2차 세계대전 이후 새로운 민족문
제로 규정하고 새로운 애국주의로 발전해 갈 것이라고 전망했
다. 이런 전망은 단기적으로는 긍정성이 보이나 장기적으로는
다른 해석이 가능하게 만들고 실제로는 부정적이라고 보인다.

이상과 같은 임광철의 전후 재일조선인과 관련한 서술 내용
을 정리해 보면 다음의 〈표 2〉와 같다.

〈표 2〉 전후 재일조선인(운동)사에 대한 서술내용

주요 사건	서술내용
1945년 해방	1945년 해방에 대해 서술할 때, 제2차 세계대전에서 소련의 역할로 조선민족은 해방을 맞게 되었다. 일본제국주의의 최대의 희생과 피해를 받은 재일조선인과 그 해방운동에 새로운 전환점이었다.
재일본조선인 연맹 조직	10월 15일 재일조선인연맹[38]의 전국조직이 확립되었다. 결성 당초부터 민족반역자 친일파를 배제할 방침이었다.
조련 제2차 전국대회	1946년 2월 26일 조련총회에서 조선민주주의민족통일전선에 가맹했다.
1946년 11월 20일 지령	1946년 11월 20일 지령, 귀국하지 않은 조선인은 일본의 법률에 복종해야 한다는 점에 인민대회를 통해 항의했다.

38) 그는 재일본조선인연맹을 재일조선인연맹, 조선인연맹, 조련으로 서술했다.

주요 사건	서술내용
1948년 4·24 한신교육투쟁	전일본의 조선인이 분격하여 반대했다. 그 가운데에서도 오사카와 고베에서 4월 24일의 투쟁은 공전의 대규모로 전개되었고, 미군은 비상사태를 선언하고, 수 천 명을 투옥, 미국제 총은 조선의 소학생을 사살했다. 제8군사령관은 이때 조선인의 강제송환을 언명했다.
재일본조선 통일민주전선	1951년 1월 8일 박해와 탄압에도 불구하고 그리고 부분적인 의견의 상위를 극복하면서 조선통일민주전선을 비합법적인 방법으로 결성하였는데, 그것은 역시 조련 해산 이후 첫 전국적 조직이 되었다.

4. 임광철의 역사인식과 재일조선인사

임광철은 사적 유물론에 입각한 한국사와 재일조선인사에 대한 역사인식의 틀을 보여주고 있다. 그리고 그는 '인민혁명'의 길을 전망했다. 이른바 이청원의 역사인식에 영향을 받았고, 나아가 대중 교육에도 관심을 갖고 있었다.

그는 한국사를 사적 유물론에 기초하여 서술하고자 하면서도 흥미로운 모습을 보인다. 그는 국가 단위로 한국사를 서술하면서 특징적인 서술을 하고 있는데, 고대사회의 서술에서 삼국을 서술하면서 고구려, 백제와 신라의 비중을 동일하게 두고 있다. 동시에 고려를 전쟁과 파괴가 없이 등장한 사실에 주목했다. 동시에 '이조'의 개국을 '개국혁명'으로 표현했다. 그리고 사실적으로 통감정치의 개시를 '이등박문'의 1905년 경성에 들어온 것에서 출발하고 있다.

동시에 임광철은 왕조사 중심의 역사가 아닌 역사 보기를 전술했던 『이조봉건사회사연구』에서 시도했다. 그는 이 책의 서술 목적을 조선의 전자본주의제−'아세아적 봉건제의 본질' 규명에 두었다. 이를 위해 '이조'의 성립은 아세아적 봉건체제의 재편성이라고 서술하고 있다. 그리고 사대주의를 이성계가 취한 가장 창조적인 정책이라고 평가했다. 동시에 사화와 당쟁을 토지 소유문제에서 그 원인을 찾고 있으며, 이승훈의 세례를 역사적 사건으로 평가하면서 조선사회의 한계와 천주교를 연계하여 서술하고 있다. 나아가 일본 제국주의에 대해 군사적이고 봉건적 제국주의로 평가하고 있다.

　한국사적 역사인식에 기초하여 임광철은 재일조선인의 역사와 문제에 대해 적지 않은 지면을 남겼다. 그의 재일조선인 문제에 대한 틀은 「재일조선인문제−그 역사적 발전에 대하여−」에 정리되어 있다.

　전술했듯이 그는 자신의 현실 투쟁의 필요에서 재일조선인 문제에 주목하고 있다. 그는 재일조선인 문제는 제국주의의 침략전쟁의 희생에서 생명과 자유를 지키기 위한 과제로, 그리고 일본과 다른 민족이 일본 내에서 일본의 독립과 평화, 민주주의를 위한 투쟁 대열에서 차지하는 위치 규정과 '조선'의 정치적 정세는 제2차 세계대전 이후 세계사에서 새로운 발전으로 제기된 민족문제 가운데 특수한 사례라는 관점을 견지했다. 그는 재일조선인 문제를 일본제국주의의 식민통치의 결과물로 생각했고 '조선문제'의 일부라는 점을 분명히 밝혔다.

임광철에 따르면, 이런 재일조선인은 일본에 가서 행복하지 않았다고 한다. 그는 재일조선인이 오랫동안 자신의 해방을 위해 싸웠던 역사에 주목했다. 일본에 간 재일조선인은 민족적, 계급적 이중의 고통에 시달렸고 천황제와 자본주의에 대해 철저하게 '적개심'을 갖게 되었다는 것이다. 반일 활동을 다음의 사건과 조직 등을 통해 정리하고자 했다. 2·8독립운동, 사상단체, 재일본조선노동총동맹, 조선공산당일본총국 및 고려공산청년회일본지부, 신간회 도쿄지회, 방향전환문제, 재일조선인 친일단체, 강제연행기의 저항운동 등에 주목했다.

그는 1945년 해방에 대해 적극적으로 서술했다. '제2차 세계대전에서 소련의 역할로 조선 민족은 해방'을 맞이했다는 것이다. 나아가 1945년 해방을 일본제국주의의 최대의 희생과 피해를 받은 재일조선인과 그 해방운동에 새로운 전환점으로 서술했다. 전후 재일조선인 문제를 재일본조선인연맹의 조직, 조련 제2차 전국대회, 1946년 11월 20일 지령, 1948년 4·24 한신교육투쟁, 재일본조선통일민주전선 등과 재일조선인 문제의 국제주의성에 주목해서 살펴보았다.

임광철의 재일조선인 문제와 역사에 대한 연구는 현재 진행되는 재일조선인 문제와 재일조선인 역사 연구, 한국사 연구, 역사 연구 일반의 원형이 되었다. 비록 전전의 재일조선인 문제에 대한 서술 부분과 전후의 재일조선인운동사에 대한 서술

부분이 정치적 입장이 드러나면서 충돌하기도 하고, 동시에 사실 확인이 부족한 부분이 없지 않다. 그러나 그가 작성한 논문 「재일조선인문제-그 역사적 발전에 대하여-」가 갖고 있는 역사성은 주목된다.

임광철은 현실운동에서 자신이 위치한 공간에서 적극적인 역사서술을 개진했다. 동시에 시종일관 역사가로서 각종 대중서를 서술하면서 대중과 호흡하는 것을 중요하게 생각했고, 이를 여러 형태로 실천해 옮겼다.[39]

---

39) 추후 보다 많은 자료가 발굴되어 제대로 된 그에 대한 평가가 이루어지기를 기대해 본다. 특히 북한으로 간 이후의 행적은 별도의 논의가 요청된다.

6장

임광철의
3·1운동 인식

1. 재일조선인사와 3·1운동

일제강점기 식민지 조선의 독립은 어떻게 이룰 수 있는가? 독립운동가라면 마땅히 이 문제에 대한 답을 갖고 있어야 했다. '반드시 독립이 된다! 독립을 실현할 수 있는 방법이 있다!' 이렇게 말할 수 있는 내면의 신념이 있어야 했다. 그래야만 운동 과정에서 겪게 되는 온갖 어려움을 감당할 수 있었다. 3·1운동에 참가한 이들도 그랬다. 수백만 명의 군중이 평화적, 비평화적적인 방법을 망라하여 식민지 통치 권력의 전복을 위하여 행동에 나선 시기였다.[1]

그렇다. 3·1운동은 혁명적 상황이었다. 박은식에 따르면, 3·1운동으로 일제에 의하여 구속당한 한국인은 46,948명이었다. 이것은 일제 군경이 정식으로 구속한 숫자이고, 일시적으로 연행한 시위군중의 숫자는 이보다 물론 훨씬 더 많았다.[2]

3·1운동에 대해 재일조선인 사회는 일찍이 기억하고 주목했다. 역사가 있다. 해방과 함께 재일조선인은 구체적인 역사 교육의 장에서 실천으로 보여주고자 했다. 재일조선인은 학교를 통해 민족교육을 진행했고 역사 교육은 절대적 가치를 갖는

---

1) 임경석, 「'외교독립론'이 낳은 3·1운동 '무장투쟁'으로 이어지다」, 『한겨레신문』, 2019년 2월 21일.

2) 박은식 저, 남만성 역, 『한국독립운동지혈사』, 서문당, 2019 참조.

교과목이었다. 1947년 조련의 초등학교의 교과 시간에서 '력사' 과목은 5학년과 6학년을 대상으로 각각 2시간씩 진행되었다.[3] 전술했듯이 도쿄조선중학교에서의 '역사' 강의는 임광철, 박경식, 이달헌이 담당했으나 초등학교의 경우는 확인되지 않는다.

실제로 해방 공간 조련은 역사 교재로 『조선역사교재초안』(상)(중)(하)를 우선 편찬했다.[4] 당시 한국사 교재인 『조선역사교재초안』은 '우리 역사'에 대한 인식의 틀을 살펴볼 수 있는 중요한 교재이다.[5] 또한 어린이용으로 『어린이 국사』(상)(하)를 간행했다.

조련의 각종 교재와 주요한 임광철의 3·1운동에 대한 연구[6]를 통해 재일조선인이 3·1운동을 어떻게 서술하여 기억했는지를 살펴보자.

3) 金德龍, 『朝鮮學校の戰後史 -1945~1972-』, 社會評論社, 2002, 50쪽.

4) 魚塘, 「解放後初期の在日朝鮮人組織と朝連の教科書編纂」, 『在日朝鮮人史研究』 28, 1998, 109쪽.

5) 이하의 일부 내용은 필자의 선행 연구를 참조한다.(김인덕, 『재일본조선인연맹 전체대회 연구』, 경인문화사, 2007 참조)

6) 본고는 3·1운동에 대한 다음의 텍스트를 주요한 연구의 대상으로 한다.(林光澈, 『朝鮮歷史讀本』, 白揚社, 1949. 11(제2판 1950. 8); 林光澈, 「三一運動に於ける歷史的なもの」, 『民主朝鮮』 26, 1949.)

2. 재일본조선인연맹의 3·1운동 서술

1) 『조선역사교재초안』(상)(중)(하)의 경우

재일조선인의 3·1운동에 서술 구조는 이미 해방 공간 조련의 역사 관련 교재에서 확인할 수 있다. 조련의 역사교재의 대표적인 것은 『조선역사교재초안』 3권이다. 이 책은 조련의 핵심적인 역사 교재였다.[7]

전술했듯이 '통감정치'의 개시를 '이토 히로부미'의 1905년 경성에 들어온 것에서 출발했고 그가 '한국병합'의 기초를 닦았다고 했다.[8] 당시 '합병'은 일반 국민은 막연히 '합방'이라고 생각했다는 것이다. 그러나 점차 시간이 흐르면서 현실 생활에서 느끼게 되었고 '반항운동'과 '독립운동'이 본격화되어 '혈사(血史)'를 남겼다고 했다.

앞서 기술했듯이 반일운동을 서술할 때는 해외의 활동에 주목하여 미국의 신한민회, 남만의 애국지사, 노령 연해주의 독립운동에 대해 기술하고 있다. 여기에서는 '한족공산당'의 조직에 대해 주목하고 '조선 민족의 활로는 공산주의 혁명 완전

---

7) 『조선역사교재초안』(상)(중)(하)는 통일되지 않은 서술방식을 유지하고 있지만 일본에서 재일조선인의 초기 역사 교육의 원형을 이해하는데 결정적인 정보를 제공한다. '우리 역사'의 동력을 내부에서 찾고 자연스럽게 유물사관에 기초하면서도 대중적 이해를 적극 도모하고 있다. 동시에 민족적 문제에 주목하면서도 대외관계를 무시하지 않는 입장을 견지하고 있다.

8) 『조선역사교재초안』(상), 16쪽.

이외에 존재치 않는다'는 것을 명확히 했다. 이후 '조선독립운동사'에서 공산주의 혁명이란 새로운 사상적 요소가 '융성'의 길을 가게 된다고 표현했다.

제5장이 3·1운동에 대해서 서술했다. 여기에서는 그 전제로 '미국 윌슨대통령이 주창한 민족자결주의는 조선민족에게 던진 "일대복음"'이라는 것이다.[9]

실제로 3·1운동을 '기미만세사건', '3·1운동', '독립만세사건'이라고 하는데,[10] 준비 과정에 대해 상술하고 있다.

> 1918년 음 12월 24일 밤 경성부 돈의동 45번지에 있는 오세창의 사랑에서 독립운동의 준비를 위한 밀담이 있었다. 권동진, 최린, 오세창 3인이었는데 … 손병희를 방문하여 찬의를 얻고 운동자금 약 100만 엔을 얻었다. … 최남선의 손으로 작성된 독립선언서는 2월 27일 밤 6시 2만 1천매를 인쇄하여 각지에 발송하고 … 경성 바고다공원에서 독립선언을 거행할 계획을 완료하였다. (원문 그대로: 필자)[11]

독립선언서를 그대로 소개하고 있다.[12] 동시에 3월 2일, 3일도 만세시위가 계속되었던 상황을 서술하고 있다.

---

9) 『조선역사교재초안』(상), 39쪽.
10) 『조선역사교재초안』(상), 43쪽.
11) 『조선역사교재초안』(상), 43~44쪽.
12) 『조선역사교재초안』(상), 45~52쪽.

3월 1일은 독립만세 소리로 날이져물고 3월 2일도 계속되더
니 3월 3일 태황제의 인산의 장례를 바라고 만세소리가 다시
놀아져서 전국 산간촌락에 이르기까지 보통학교 생도로부터
70 노인에 이르기까지 다시 해외에서는 만주 하와이 주민까
지도 독립만세를 마음껏 불렀다. (원문 그대로: 필자)[13]

여기에서는 운동의 시간별 진행 상황과 '독립선언서'를 인
용했다. 역사적으로 주목할 사건으로 '부인'의 참가를 들고 있
다.[14] 결론적으로 3·1운동의 성과로 두 가지를 들고 있다. 첫
째, 일본의 조선 시정방침의 변경, 둘째, 상해 임시정부의 수
립이라고 했다.[15]

3·1운동의 소산으로 '조선시정방침'의 변경과 '상해임시정
부' 수립을 들고 있다.[16] 3·1운동 직후 문치주의적 경향성에
주목하고 있다.

3·1운동 직후 일본의 조선통치방식이 다소 문치적 경향을 띄
게 되였든 것이다. 그리하여 1919년 12월에서 익년 정월까지
에 조선문으로 된 민간신문 시사신문, 조선일보, 동아일보의
발간을 허하고 다소의 언론과 교육의 자유를 주었든 것이다.
이 기회를 이용하여 문화면을 통하여 또는 교육사업을 통하

13) 『조선역사교재초안』(상), 52~53쪽.
14) 『조선역사교재초안』(상), 55쪽.
15) 『조선역사교재초안』(상), 55쪽.
16) 『조선역사교재초안』(상), 55쪽.

여 독립사상의 고취에 노력한 것이 민족주의자들의 독립운동
이다. 일부 지식층 중에는 대중의 문화 향상을 기하여 민족의
문화수준을 향상하는 것이 곳 독립국민으로서의 자격과 실력
을 갖게 하는 소이라고 생각하는 자도 있었다.(원문 그대로:
필자)[17]

1920년 이후 문화운동은 우익적인 것에서 좌익적인 것으로
변화되었다고 한다.[18]

(2) 『어린이 국사』(상)(하)의 경우

조련의 역사 교재로 어린이를 대상으로 한 것이 『어린이 국
사』(상)(하)이다.[19] 『어린이 국사』(상)[20]과 (하)[21]는 조련의 초등
교재편찬위원회가 조련문화부판으로 1946년과 1947년에 각각
발간한 책이다.

전술했듯이 『어린이 국사』(상)의 서술 대상은 선사부터 고려
시대까지이다. 『어린이 국사』(하)의 주요한 내용은 조선시대부
터 해방 때까지를 서술하고 있다.

....

17) 『조선역사교재초안』(상), 69~70쪽.

18) 『조선역사교재초안』(상), 70쪽.

19) 어린이용 초등학교 교재의 경우는 대체로 『조선역사교재초안』의 틀을 기초
하고 있다. 단 분명한 논점의 제시나 알기 쉬운 서술은 상당한 윤독이 있었
던 것을 추측하게 한다. 특히 『어린이 국사』(하)는 『어린이 국사』(상)에 비해
좀 더 세련된 편집과 서술 내용이 확인된다.

20) 본 자료는 故 김경해선생님이 소장했던 자료이다.

21) 朴慶植 編, 『在日朝鮮人關係資料集成』(戰後編)(6卷), 不二出版社, 2000.

여기에서 3·1운동에 대해 서술하고 있다. 『어린이 국사』(하)의 3·1운동에 대한 서술 내용을 보자.

> 제19과 삼일운동
>
> 일본이 우리나라를 합병한지 10년 후에 크다란 일이 일어났습니다. 삼일운동 혹은 기미만세사건이라고 하는 것입니다. … 1919년 이른 봄. 우리나라에는 서쪽으로부터 새로운 희망의 종소리가 들려왔습니다. 사년간이나 싸우던 제일차세계대전이 끝난 때에 미국대통령 윌슨은 말했습니다. "전쟁은 한민족이 딴 민족을 엎누르고 땅을 빼았으려는 데서 일어나는 것이니 이제부터는 민족이 제각기 사이좋게 지내며 딴 민족을 누르거나 그땅을 빼앗지 말도록 하자!고(원문 그대로: 필자)[22]

이렇게 어린이용 교재라서 서술 체계가 다소 쉽게 되었으나 윌슨의 민족자결주의를 소개하고 있다. 동시에 어린이에게 3·1운동이 전민족적 사건임을 알려주고자 했다.

> … 이월이십팔일에 그 대표되는 사람들이 모여서 삼월일일 오후이시에 "바고다"공원에서 독립만세를 부르기로 약속했습니다. 그때에 광주제(고종)를 일본경사가 죽였다는 소문이 있어 전국에서 왕의 장사를 보로고 많은 사람이 서울로 모여들었기 때문에 그런 일을 하기에 좋았다고 합니다. 일구일구년 삼월 일일 오후 이시 "바고다"공원에서 일어난 독립만세소리는 거리에 퍼져서 서울을 울리고 다시 삼천리강산을 울렸습니다.

---

22) 『어린이 국사』(하), 101~103쪽.

젊은 사람들은 말할 것도 없고 어린이나 늙은이나 농민이나 어부나 모다 한거번에 부르짖었습니다. (원문 그대로: 필자)[23]

문제는 3·1운동이 민족대표의 잘못된 행동으로 희생만 초래하게 되었다고 했다. 임광철의 서술에서는 민족대표의 한계가 보인다.

… 세계의 많은 사람들은 우리가 독립하는 것이 옳다고는 생각했지만 저이들게 이로울 것 없는 일이라고 아무도 거들어주지는 않았습니다. … 대표되는 사람 삼십삼인이 한 약속에는 다음과 같은 말이 있습니다.

一. 우리들이 하는 일은 정의, 인도, 생존, 도영을 위한 옳은 것을 찾자는 것이니 자유정신을 낳다내면 그만이고 결코 다른 민족을 넘어트리려고 말자!

二. 최후의 일인까지 최후의 일각까지, 옳은 것을 굳세게 주장하자!

三. 모든 일은 찬찬히 채근채근 하며 공명정대하게 하자! 이런 말을 일본에도 알리고 전 세계에도 알렸습니다. 일본헌병은 총과 칼을들고 뛰어나와서 많은 사람들을 죽이고 더 많은 사람을 붓들고 갔습니다. 붓들어 간 사람들은 혹은 징역 가고, 혹은 목을달리워 죽었습니다. (원문 그대로: 필자)[24]

이렇게 1919년 3·1운동이 일어나서 10년이라는 기간 동안

---

23) 『어린이 국사』(하), 104쪽.
24) 『어린이 국사』(하), 106쪽.

식민통치 아래 억압과 착취를 받았던 한민족은 민족운동의 새로운 방향을 제시한 3·1운동을 일으켰다. 신분과 무관하게 한민족은 일어났고, 천도교인, 기독교인 불교도 등이 주도적으로 참가했다. 조선 사람 모두가 일어났다. 당시는 고종의 인산일로 많은 사람이 모여서 만세시위를 일으켰다. 1919년 3월 1일 오후 2시 탑골공원에서 시위가 일어났고 33인의 민족지도자가 주도했다. 비폭력주의를 천명한 이 운동은 전국화, 지속화의 과정을 갔고 일본 경찰의 무장 탄압과 맞서 청년, 학생, 노동자, 농민이 운동의 상당한 부분을 주도했다. 그러나 본질적으로는 무저항, 비폭력의 한계를 넘었다. 당시에는 어떤 나라도 우리의 싸움을 돕지 않았던 것이 사실이다.

1919년 3·1운동을 계기로 한국의 민족운동은 반제국주의적인 성격이 강화되었고, 이후 민족의 투쟁력은 대한민국임시정부를 중심으로 모였다.

3. 임광철의 3·1운동에 대한 서술

1) 『조선역사독본』의 경우

임광철은 전술한 대표적인 통사책인 『조선역사독본』에서 3·1운동을 '조선의 독립운동사상' 획기적인 일로 규정했다.[25]

---

25) 林光澈, 『朝鮮歷史讀本』, 白揚社, 1949. 11, 266쪽.

3·1운동은 '문자 그대로 거족적인 독립운동'으로 전국적으로 전개되었다. 아니 국외에서도 하얼빈, 간도, 하와이 등지에서도 조선 민족이 거주하는 모든 지역에 걸쳐 전개되었다.

이것은 역사적인 농민해방운동으로 부르죠아 민주혁명이었다. 동학농민투쟁에 연계된 것으로 갑신정변에도 연계되었다. 그러나 이들은 반봉건적인 일본의 군사적 제국주의 아래에 각각 전개되었다. 그래서 실패로 귀결되었다. … 무저항과 타협, 평화적인 교섭이 가장 주요한 운동방침이었다. 프롤레타리아는 … 국내의 혁명적인 정치조직이 아니어서 인민에 의해 계획적인 통일된 투쟁은 불가능했다. 당시 투쟁의 중심으로 가장 큰 세력이었던 농민에 대해서는 어떤 슬로건으로 제시되지 않았다.[26]

임광철은 3·1운동 이후 운동진영의 변화에 주목했다.

국외에 망명했던 독립운동가들은 상해에 모여서 국내의 운동에 성원을 보냈다. 1919년 4월 17일에는 대한민국임시정부를 수립하고 이승만이 대통령이 되었다. 국내의 지주와 이조시대의 관료, 지식층은 … '독립기금'을 갖고 상해로 갔다. … 이승만 등의 평화교섭을 주장하는 일파와 이동휘 등의 무력투쟁을 주장하는 일파는 대립했다.[27]

특히 3·1운동 이후 '조선의 독립운동'의 질적 전화의 구체적인 내용을 불가피함에 주목하여 서술하고 있다.

---

26) 林光澈, 『朝鮮歷史讀本』, 白揚社, 1949. 11. 270~271쪽.
27) 林光澈, 『朝鮮歷史讀本』, 白揚社, 1949. 11. 271쪽.

3·1운동을 통해 조선의 독립운동은 질적 전화를 보지 않을 수 없었다. 이조시대 이래의 옛 지도세력, 봉건전제주의자도, 동학당의 후예도, 그리스도교도도, 관념적인 민족주의자도, 그리고 서양의 제국주의제국도 조선을 독립시켜 인민을 해방하는 힘이 되지 않으면 안 된다는 것, 일본제국주의로부터의 민족독립과 인민의 해방은 인민의 힘으로 인민의 방법으로 하지 않으면 안 된다는 것이 자각되어 그것이 실천되어 갔다.

이렇게 임광철은 『조선역사독본』에서 3·1운동의 내용을 거족적인 독립운동으로 평가하면서도 많은 지면을 할애하지는 않고 있다.

2) 「3·1운동에서 역사적인 것−하나의 방법론적 고찰−」의 경우

임광철은 본격적인 3·1운동 연구를 논문인 「3·1운동에서 역사적인 것−하나의 방법론적 고찰−(三一運動に於ける歷史的なもの−一つの方法論的考察−)」에서 하고 있다.

그는 현실적인 요구에서 3·1운동에 대해 논의를 전개하고자 했다. 구체적으로 실천적 관점에서 3·1운동을 변증법적으로 이해하는 것이 필요하다고 했다.[28] 특히 새롭게 고찰할 필요성에 대해서는 현대사의 출발점으로 세계사적인 시야에서

----

28) 林光澈, 「三一運動に於ける歷史的なもの−一つの方法論的考察−」, 『民主朝鮮』 26, 1949, 13쪽.

변증법적으로 이해하기 위해서라고 했다.

본 본문에서 임광철은 세 가지 주제에 대해 논의를 전개하고 있다. 첫째, 원인, 둘째, 지도세력, 셋째, 역사적 의의이다.

첫째 3·1운동의 원인을 거론한다. 3·1운동의 원인으로 그는 토지조사사업으로 강제적 기만적인 토지수탈이 있었다면서, 첫째, 농민을 생산수단인 토지로부터 분리시켰고, 둘째, 자작농을 소작농으로 전락시키는 결과를 낳았으며, 셋째, 지주를 자작농으로 전락시키는 결과를 '낳았다'는 것이다.[29] 아울러 국제적으로는 러시아혁명이 일어나고 1차 세계대전이 끝나면서 베르사이유 강화회의가 있었는데, 이 두 사건에서 거론되는 '민족자결'의 기치가 조선 민족에게 분명히 보여졌다는 것이다.[30] 그는 국내에서 '황제 이희'가 일본인의 손에 독살되어 이것이 직접적인 원인이었다고 한다.

임광철은 을사조약과 토지조사사업에 대해 거론했다. '일본자본주의의 특색인 여러 모습을 대위, 보충하기 위해 조선에서 강제한 것이 을사조약, 1910년 8월 29일이었다. … 토지조사는 일본자본주의의 열등성을 대위보충하는 반공업정책의 하나'라고 했다. 그는 일본제국주의의 특색으로 비인도성의 일반

29) 林光澈, 「三一運動に於ける歷史的なもの－一つの方法論的考察－」, 『民主朝鮮』 26, 1949, 14쪽.
30) 林光澈, 「三一運動に於ける歷史的なもの－一つの方法論的考察－」, 『民主朝鮮』 26, 1949, 14쪽.

적 특질과 국제적 관련성이 희박한 것이라고 했다.

다음으로 그는 국제적인 원인을 고찰하는 경우에도 가장 큰 요인으로 윌슨의 민족자결주의를 그리고 10월 혁명, 1918년의 독일혁명, 터어키 등의 혁명, 중국의 5·4운동 등을 들고 있다. 특히 윌슨의 민족자결주의는 큰 원인인 것으로 보이나 농민봉기를 위한 선전용 문구('아지 문구')로 사용된 것에 지나지 않다고 했다.[31]

또한 둘째로 지도적 세력을 거론할 때, 그는 '가장 과학적인 세계관에 대한 방법으로 그 기본적인 특징으로 최초로 열거할 수 있는 것은 어떤 현상도 이것을 유리시켜서, 주변의 여러 현상과의 관련을 벗어나서 열거하면 이해하는 것이 불가능하다'고 했다.[32]

그는 지도세력으로 봉건적인 토착지주계급이라고 하고, 구체적으로는 천도교세력과 기독교세력을 들고 있다.

천도교세력에 대해서는 다음과 같이 거론하고 있다.

> 천도교세력은 소위 33인 가운데도 절대 다수를 점하는데, 그 대표인 손병희가 천도교의 대표자로 … 시천교와 스스로를 구별할 정도로 동학당의 전통을 잇고 있다. … 1904년부터

31) 林光澈,「三一運動に於ける歷史的なもの－一つの方法論的考察－」,『民主朝鮮』26, 1949, 16쪽.
32) 林光澈,「三一運動に於ける歷史的なもの－一つの方法論的考察－」,『民主朝鮮』26, 1949, 16쪽.

1910년까지 식민지화의 과정에서는 이용구와 같이 매국적인
탈락자를 내고 … 반식민지적인 태도를 견지하면서 ….[33]

기독교세력에 대해서는 다음과 같이 서술했다.

기독교세력은 … 스스로 민족부르죠아의 입장에 위치하고
있다. 33인 중에서는 이인환을 대표로 하는데, 이들 부르죠
아 지원자들은 스스로의 목표를 달성하기 위한 수단으로 항
상 외국의 정치세력에 의존했다. … 3·1운동에서 보이는 외력
의존적인 경향, 비전투적인 경향, 타협적인 기회주의적인 제
경향을 이들 기독교세력의 역사적인 성격의 반영으로 이해할
수 있다.[34]

임광철은 이 두 세력이 3·1운동 속의 전민족적인 투쟁에서
'반역적'이었는지 밝혀내는 것에 주목하기도 했다. 특히 3·1운
동 이후 소수의 예외를 제외하고 대부분이 일본제국주의의 '토
지조사사업'에서 농민을 반봉건적 영세소작제도에 결박하고,
농촌을 '전자본제적'인 기구의 제관계에 재편하는데 긴요했다
고 한다. 나아가 이들이 프롤레타리아에 의해 영도되는 혁명
과정에서 '브레이크를 거는' 역할을 했다는 것이다.

셋째, 3·1운동의 역사적 의의를 선배들로부터의 가르침에

33) 林光澈, 「三一運動に於ける歷史的なもの－一つの方法論的考察－」, 『民主朝
鮮』26, 1949, 16~17쪽.
34) 林光澈, 「三一運動に於ける歷史的なもの－一つの方法論的考察－」, 『民主朝
鮮』26, 1949, 17쪽.

기초해 정리했다. 1) '조선민족의 항일투쟁사상 최대의 것'이다. 2) '조선민족의 최초의 혁명적 항일투쟁'이다. 3) '조선민족의 투쟁력을 세계에 표명하고' 동시에 3·1운동을 계기로 '조선민족이 세계의 혁명무대에 참가하게 되었다'는 것이다. 4) '노동자, 농민에 의한 전인민적 봉기임에도, 바르게 지도할 인민적인 전위당이 존재하지 않았기 때문에 투쟁에 비례할 성과를 거두지 못했다는 가르침, 그 후의 혁명운동이 프롤레타리아의 영도 아래 위치 지워질 계기를 만들었다'는 것이다. 5) '일본제국주의로 하여 무단정치를 철폐시키고, 문화정치를 취해 언론, 출판, 집회, 결사 등에 약간의 자유를 부여하고, 교육제도의 수정으로 조선민족에게 교육의 길을 연 것, 그리고 조선민족에 대해서는 자력에 의한 투쟁만이 자유를 획득하는 길임을 가르쳤다.'는 것이다.[35]

결론적으로 임광철은 3·1운동을 세계사적인 의미 부여와 세계혁명사 속에서 자리매김하는 것을 잊지 않았다.

> … 3·1운동도 우리 세계에서 프롤레타리아혁명이라는 일반적
> 인 문제의 일부로, 혁명세력의 예비군 내지는 동맹군으로 …
> 3·1운동이 … 세계혁명운동의 일환으로 ….[36]

---

35) 林光澈,「三一運動に於ける歷史的なもの−一つの方法論的考察−」,『民主朝鮮』26, 1949, 18쪽.
36) 林光澈,「三一運動に於ける歷史的なもの−一つの方法論的考察−」,『民主朝鮮』26, 1949, 19쪽.

이와 함께 임광철은 세계혁명운동 가운데 민족운동의 지도 자들이 출신과 직업적으로 부르죠아적이고, 반사회주의적이지만 객관적으로 볼 때는 혁명적이다고 했다. 이에 기초해 3·1 운동을 '반제국주의투쟁', '해방운동'으로 자리매김했다. 나아가 3·1운동이 전(前) 자본제적인 여러 관계에서 투쟁적인 점과 토지문제의 해결에 주목하지 못한 점을 한계라고 지적하고 있다. 그는 '농지혁명'의 전개과정이 없는 가운데 민족의 해방투쟁이 성공할 수 없다고 했다.[37] 이런 임광철은 3·1운동 이후 토지문제 해결은 한국현대사의 근본 문제라고 생각했다.[38]

37) 林光澈, 「三一運動に於ける歷史的なもの－一つの方法論的考察－」, 『民主朝鮮』 26, 1949, 19쪽.
38) 林光澈, 「三一運動に於ける歷史的なもの－一つの方法論的考察－」, 『民主朝鮮』 26, 1949, 27쪽,

7장

임광철의
민족교육

1. 민족교육과 임광철

학교는 시작되였으나 흑판도 책상도 없었다. 교과서도 만족
한 것이 없었다. 다만 있는 것은 선생과 생도들의 불꽃같은
열성과 신뢰심이였다. 날이 좋으면 잔디 밭우에서 공부를 하
고 날이 궂으면 공구리 바닥 우에 서서 공부를 했다. 그나마
비가 오면 천장이 새여 우산을 받지 않으면 서 있을 수도 없는
교실이 있었다.

수일 지나 겨우 흑판이 들어 왔다. 그리고 이삼일 후에는 책
상이 그리고 또 며칠 후에는 걸상이 그때마다 생도들의 환호
소리가 진동했다.

매일 매일 풀을 뽑고 운동장을 고르는 일을 어린 생도들은
토목공들처럼 굳세게 했다. 일요일에도 여러 생도들이 학교
에 와서 이런 일을 했다. 생도들 한 사람 한 사람이 자기들 손
으로 자기들의 학교를 세워간다는 굳은 의지와 희망에 넘쳤
다.(원문 그대로: 필자)[1]

해방 공간 재일조선인 역사학자인 임광철은 교육자이기도
했다. 그의 교육관을 확인할 수 있는 단면은 다음과 같다.

교육의 필요성을 알고 있다는 것은 단지 알고 있다는 것에 불
과하다. 우리는 절실이 느껴야 할 것이다. 참으로 조선의 장

----

1) 『도꾜조선중고급학교10년사』(다음과 같이 복가되었다. 창립10주년기념연혁사
편찬위원회 편, 『복각판 도꾜조선중고초창기10년사(1946~1956. 10. 5)』, 종
합기획사ウィル, 2008. 3, 9쪽.)

래를 생각한다면 장래를 걺어지고 나갈 아동의 교육을 생각
하여야 한다. 현재의 정치문제가 긴급하다면 장래의 정치문
제는 더욱 중요하다.

우리는 조국의 장래를 위하여 또는 우리 자신의 수양을 위하
어 현사회의 최긴급문제는 교육에 있다고 믿는다.(원문 그대
로: 필자)[2]

재일조선인 역사학자로 민족교육에 앞장섰던 임광철을 통
해 해방 공간 재일조선인 민족교육의 현장을 살펴보자.

2. 전후 재일조선인 민족교육과 임광철

1) 재일본조선인연맹의 민족교육

1945년 해방과 함께 재일조선인은 귀국과 동시에 새로운
국가 건설에 주목했다. 동시에 일본에서의 민족교육에도 관
심을 갖는다. 당시 재일조선인은 우선 국어강습소를 통해 민
족교육을 수행해 가기 시작했다고 보인다. 국어강습소는 일본
전국에서 만들어졌고, 1945년 말에는 200개소가 넘는 강습소
가 생겨 2만 명 이상의 인원이 수강했다. 도쿄지역의 주요한
국어강습소는 다음과 같다. 간다(神田)의 한국 YMCA에 가장
먼저 국어강습소가 개설되었다. 당시 국어강습소는 재일조선

----

2) 임광철, 「예술과 인민대중」, 『조련문화』 창간호, 1946. 4, 59쪽.

인 민족교육의 새로운 출발점이었다.

전술했듯이 1945년 10월 15일 히비야공회당(日比谷公會堂)에서 재일본조선인연맹(이하 조련)이 결성되었다. 여기에서는 위원장에 윤근, 부위원장에 김정홍과 김민화가 선임되었고, 중앙위원 25명, 지방위원 25명을 선출했다.[3]

이 조련은 민족교육을 본격화했다. 조련은 한글 교재를 만들고, 대량으로 인쇄하여 배포했다. 전술했듯이 초등교재편찬위원회를 통해 조련은 이 일을 진행했다. 여기에 임광철은 위원으로 활동했다.[4]

그리고 한글 강사 지도반을 조직하여 한글강사를 양성했다. 조련은 교사 양성에도 적극적으로 나섰다. 조련은 다양한 방식으로 교원을 양성했다. 주요한 학교는 조련중앙고등학원, 중앙조련사범학교, 오사카조선사범학교, 조련양재학원 등이 있었다.

조직적인 사업으로 도쿄에서는 재일조선인교육회가 결성되었다. 1946년 12월 8일에는 도쿄조선인교원조합으로 발전했다. 재일조선인교육자동맹이 결성되었다. 조련은 학교관리조합의 조직에 적극적이었다. 실제로 조련은 문교부 내 교육대책위원회 조직을 통해 민족교육 사업을 조직화했다고 평가할

----

3) 김인덕, 「재일조선인 민족교육 운동에 대한 연구-재일본조선인연맹 제4·5회 전체대회와 한신(阪神)교육투쟁을 중심으로-」『사림』26, 2006. 12.

4) 魚塘, 「解放後初期の在日朝鮮人組織と朝連の敎科書編纂」, 『在日朝鮮人史硏究』28, 1998, 109쪽.

수 있다.

1947년 10월 조련계 학교의 상황은 초급학교 541개, 중학교 7개, 청년학교 22개, 고등학교 8개로 총 578개소였다. 아울러 교원은 10,505명, 학생은 61,845명이었다.[5]

조련은 민족교육과 관련하여 후술할 1948년 한신교육투쟁은 5대 투쟁의 실천이었다고 그 의미를 부여했다. 이를 결정한 조련 제5회 전체대회에서는 문교활동 강화 대책에 주목했다.

1948년 1월 일본 정부는 문부성 학교 교육국장 명의로 「조선인 설립학교의 취급에 대해서」를 문부성 오사카 출장소와 도도부현(都道府縣) 지사에게 통첩했다.[6] 이것이 '제1차 민족학교 폐쇄령'이었다. 조선인 민족학교의 자유로운 설치를 허용하지 않았고 학교를 폐쇄하도록 유도했다. 이런 내용은 민족학교에 일방적으로 전달되었다.

일본 정부는 1948년 3월 24일 다시 1월의 전술한 「조선인 설립학교의 취급에 대해서」에 대해 복종하지 않으면 학교를 강제로 폐쇄시키겠다고 했다. 그리고 일본 전역의 민족학교에 대해 강제적 폐쇄 명령이 내려졌다. 여기에 대해 최초로 반대투쟁이 일어났던 곳은 야마구치현(山口縣)이었다. 실제로 재일조

....

5) 오자와 유사쿠 지음, 이충호 옮김, 『재일조선인 교육의 역사』, 혜안, 1999, 193쪽.
6) 주요 내용은 다음과 같이 정리할 수 있다. "조선인은 일본의 법령에 복종해야 한다. 의무 교육은 학교교육법에 의해 행해야 하며, 조선인 학교의 설치에는 지사의 인가가 필요하다. 교과서와 교과 내용에 대해서도 교육법의 규정이 적용된다."(김환, 「재일동포 민족교육의 어제, 오늘, 그리고 내일」, 『교육월보』 1996. 10, 65쪽.)

선인은 전면 투쟁에 돌입했다. 이것이 전면화된 것이 1948년 4·24 한신교육투쟁이었다.

실제로 1948년 4·24 한신교육투쟁의 빌미가 되었던 GHQ와 일본 정부의 민족학교 탄압은 준비된 것이었다고 할 수 있다.[7] 여기에 대해 조련은 조직적인 대응을 했고, 재일조선인은 일본 전역에서 전면적인 반대 투쟁을 전개했다. 이것은 1945년 해방 이후 재일조선인에 의한 전면적인 반일 투쟁으로 이념의 벽을 넘은 전 민족적인 투쟁이었다.

1948년 5월 5일 재일조선인 단체와 일본 정부 사이에 조인된 양자의 각서는 일본의 학교교육법을 재일조선인이 준수하는 것을 약속했다. 일본의 지방 자치단체는 이 통고문을 기초로 즉각 행동에 옮겼다. 오사카에서는 재일조선인 측이 부지사와 교섭을 재개하고 6개월 만에 각서를 매듭지었다. 여기에서는 민족학급의 발족을 보게 되었다. 오사카만의 독자적인 제도라고 할 수 있다.

1949년 10월 다시 학교 폐쇄 명령이 내려져 전국 대부분의 조선인학교가 폐쇄되었다.

조련과 민단계의 학교가 폐쇄되고 조선인 학생 4만여 명이 일본학교로 전학하게 되었다. 문부성과 조선인 대표 사이에 체결된 양해 각서 이후 도도부현에 통지된 학교교육국장 통달

---

7) 故김경해 선생의 학설이다.(김경해, 『1948년 한신교육 투쟁–재일조선인 민족교육의 원점』, 경인문화사, 2006 참조.)

을 근거로 전국의 조선인 집주지역을 중심으로 공립학교의 과외 시간을 활용한 조선인 아동·학생들의 특설 학급이 시작되었다.[8] 오사카에서는 특설 학급을 조선어학급이라고 불렀고, 나중에 민족학급이라고 불렀다.[9]

1952년 일본 전역의 77개 소·중학교에 특설 학급이 설치되었다. 민족학급이 있었던 지역은 오사카를 비롯하여 시가(滋賀), 이바라기(茨城), 교토, 효고, 아이치(愛知), 후쿠오카(福岡) 등 13개 부현에 있었다.

조련 주도의 민족교육은 또 다른 길을 갔다. 조선인학교 강제 폐쇄조치 이후 조선인학교의 쇠퇴는 현저했다. 그러나 효고, 아이치 등 일부 지역에서는 공적 입장을 전혀 갖추지 않은 자주적인 조선인 학교로 존속을 꾀하기도 했다. 결국 재일조선인 학생들은 일본의 공립학교에 취학했다.

2) 재일조선통일민주전선의 민족교육

재일조선인은 조련의 강제 해산 이후 재일조선통일민주전선(이하 민전)을 결성하고, 운동을 전개했다. 1951년 1월 해산당한 조련을 대신하여 민전이 재건되었다.

---

8) 김환, 「재일동포 민족교육의 어제, 오늘, 그리고 내일」, 『교육월보』 1996. 10, 65쪽.
9) 김광민, 「재일외국인 교육의 기원이 되는 재일조선인 교육」, 『재일동포 민족교육』(청암대학교 재일코리안연구소 국제학술회의자료집), 2013. 10. 18, 54쪽.

민전을 중심으로 해서 재일조선인은 민족교육운동을 전개했다.[10] 실제로 한국전쟁 아래 민족교육은 봉쇄되어 있었고, 조선인 학생들은 공립학교체제 속에서 강제 전입시킨 형태로 교육을 받았다.

도쿄도의 경우 교육위원회는 도내의 15개 조선인학교의 도립 이관을 단행했다. 1949년 12월 20일「도쿄 도립 조선인학교 설치에 관한 규칙」을 정하고, 공식적으로 도립조선인학교[11]를 발족시켰다. 도립조선인학교의 교육과 활동이 친북한적이라고 GHQ와 일본 정부는 생각했다. 도립조선인학교의 학생이 반전 유인물을 갖고 있다는 구실로 조선학교를 급습하기도 했다.

1952년 4월 민전은 강령과 규약을 기초로「조선인학교 규정」(초안)을 정리했다. 이와 함께 1951년 9월 샌프란시스코강화조약이 조인된 이후 공립 조선인학교의 사립화에 반대했다. 아울러 '공립 분교'는 적절한 것이 아니므로 일본 정부의 교육비 부담을 요구하는 교육비 획득 투쟁을 전개하기로 했다. 민전은「재일조선인 민족의 당면한 요구」(초안)에서는 교육운동의 슬로건으로, '교육비 일체를 국가가 부담하고 자국어에 의한 의무교육의 완전 실시'를 내걸었다. 또한 이와 다르게 공립 조선인학교를 수호하고 민족학급을 증설하며 자주 학교를 만들어 교

---

10) 오자와 유사쿠 저, 이충호 역, 『재일조선인 교육의 역사』, 헤인, 1999, 332~334쪽.

11) 東京朝鮮中高等学校가 1949년 東京都立朝鮮人中高等学校로 개칭했다.(東京朝鮮中高級學校 홈페이지(http://www.t-korean.ed.jp/index.html) 참조.)

육비의 부담을 요구하는 민족교육 충실화 운동을 전개했다.

당시 도립조선인학교에서는 '반일 공산주의교육'이 행해지고, 반정부 데모를 위한 모임이 조직되어 있었다. 이는 민전의 방침이기도 했다. 치안 관계자의 시각은 그대로 문부성 당국의 시각에 반영되었다. 이때에는 '강화'를 하나의 기회로 삼아 일본 국민의 교육에 대해서도 반공·재군비를 지지하는 교육이 '편향교육'을 시정한다는 명목으로 강행되기 시작했다.

그런가 하면 공립학교 체제의 테두리에서 벗어난 비합법적인 자주학교로 조선인학교는 전국적으로 44개교가 있었다.[12]

1953년 10월 20일, 10·19 학교폐쇄 4주년 기념 조선인학교 연합운동회가 있었다. 이 자리에서는 20여명의 남녀 고교생이 가장행렬로 천황과 황후를 밧줄로 묶어 등장시키면서 '인간 천황, 바보의 상징'이란 플래카드를 내걸었다. 천황을 특별시 하는 일본의 정신적 풍토에서, 이러한 절호의 비난거리를 일본 정부가 그냥 넘어갈 리 없었다. 국회에서까지 거론된 이 사건은 도립조선인학교 폐지론에 다시 불을 붙였다. 그리고 예산을 통한 조선인학교의 탄압이 시작되었으며, 후일 도립조선인학교 폐교의 서막이 되었다.

결국 도립조선인학교 폐지론이 일어났다. 당시 일본에서는 샌프란시스코조약 이후 외국인 교육에 도민의 세금을 쓰는 것

....

12) 오자와 유사쿠 저, 이충호 역, 『재일조선인 교육의 역사』, 혜안, 1999 참조.

은 '주권'을 회복한 일본의 입장과 모순된다는 새로운 비난의 논리가 등장했다. 결국 도립학교의 폐교로 일본정부는 나아갔다.

3) 임광철의 민족교육관

임광철이 생각하는 민족교육의 시점은 재일조선인이 학교 교육을 받지 못한 사실에서 출발했다.[13] 그것은 식민지 경험에서 출발한 것으로 '조선인으로서'의 역할을 할 사람이 요구되는 현실도 작용했을 것으로 생각한다. 재일조선인을 대상으로 하는 '조선인으로서'의 역할을 할 사람을 기르는 것이 '재일조선인학교'의 교육의 방향으로 그는 생각했다.

실제로 그는 '학교출'이라는 표현에서 보이는 지식인으로서의 자기반성에 철저하여 소작인계급의 적의 자손임을 자각해야 한다고 했다.[14] 그리고 자신의 위치에 솔직했다.

이런 임광철은 민족교육에 대한 분명한 개념을 갖고 있었다. 민족교육이란 식민지시대 모든 민족적 자각을 약탈당했던 전제 아래 민족적 열등감을 불식시키고 보편성을 가진 과학적인 관점에서 자신의 민족을 바르게, 세계사적 사명을 바르게 파악하여 인간으로서의 자각과 자긍심을 갖게 하는 것, 배타적

---

13) 林光澈, 「在日朝鮮人はその子弟の教育に何を望んでいるか」, 『平和と教育』, 1953. 1, 1쪽.
14) 林光澈, 「『現代史』と知識人－朝鮮に居る弟への手紙－」, 『民主朝鮮』 22, 1948. 9, 28쪽.

이지 않고 적극적으로 다른 민족에 대해 배우고 제휴하는 것이라고 했다.[15]

바꿔 말하면 자민족의 역사와 전통을 과학적으로 파악하여 민족의 자긍심과 민족의 밝은 장래의 가능성을 발견하게 만드는 것이라고 했다. 여기에서 조선의 역사와 전통을 과학적으로 파악하는 것을 거론했다. 임광철은 배타적인 민족주의 교육과 구별하기 위해 '민주적 민족교육'을 들고 있다.[16]

민족교육에 대한 이런 인식 아래 임광철은 「재일조선인은 그 자녀교육에 무엇을 바라고 있는가(在日朝鮮人はその子弟の敎育に何を望んでいるか)」에서 다음의 네 가지 문제에 주목하고 있다. 첫째, '민족교육의 과제', 둘째, '조선인학교의 민족교육에서 조선어 교육의 다른 어떤 과제가 있는가', 셋째, '조선인학교에서의 사회과에서 무엇을 취급하는가', 넷째, '조선인학교에서의 '정치교육'은 무엇인가'의 문제에 대해 정리하고 있다.

임광철은 첫째, '민족교육의 과제'로 임광철은 '모국어(조선어)'로 조선어와 '조선문'을 습득시켜서 숙련시키는 것이라고 했다.[17] 그는 식민지 경험으로, 즉 황민화정책으로 인해 조선문,

---

15) 林光澈, 「在日朝鮮人はその子弟の敎育に何を望んでいるか」, 『平和と敎育』, 1953. 1, 2~3쪽.
16) 林光澈, 「在日朝鮮人はその子弟の敎育に何を望んでいるか」, 『平和と敎育』, 1953. 1, 3쪽.
17) 林光澈, 「在日朝鮮人はその子弟の敎育に何を望んでいるか」, 『平和と敎育』, 1953. 1, 3쪽.

조선어 사용금지, 조선인의 성명을 '일본식으로 개명'[18]하여 정
신적 불구상태였다는 사실을 적기했다. 그리고 조선인이 조
선어를 모르는 것은 조선인으로서의 생각을 할 수 없는 것으
로 인간으로서 고상하고 복잡한 감정과 기분을 모르는 것이라
고 했다.[19] 조선청년의 교육에서 모국어교육의 의미를 중시하
고 조선인학교가 필요한 계기라고 설명하고 있다.[20] 조선인학
교 폐쇄는 군국주의적 예속 교육으로 반민주적 정책이라고 평
가했다.

둘째, '조선인학교의 민족교육에서 조선어 교육의 다른 어
떤 과제가 있는가'에 대해 조선어, '조선문'을 가르치는 것은
단순한 읽기, 쓰기, 회화 능력 배양에 그 목적이 있지 않았다
면서 조선 민족의 역사와 문화, 생활감정, 전통과 민족적 사
고방식 등을 가르치는 것에 주목했다. 그리고 조선 역사와 조
선 지리를 '민족과목'으로 중시했다.[21] 그는 조선민족의 경우
40년 동안 민족적 열등감과 비속감, 노예근성이 부식되었다
면서, 올바른 조선 민족의 역사와 지리에 대해, 생활과 문화에

---

18) 창씨개명을 이렇게 서술했다.
19) 林光澈, 「在日朝鮮人はその子弟の教育に何を望んでいるか」, 『平和と敎育』, 1953. 1, 4쪽.
20) 林光澈, 「在日朝鮮人はその子弟の教育に何を望んでいるか」, 『平和と敎育』, 1953. 1, 4쪽.
21) 林光澈, 「在日朝鮮人はその子弟の教育に何を望んでいるか」, 『平和と敎育』, 1953. 1, 4쪽.

대해 교육이 필요하다고 했다. [22]

셋째, '조선인학교에서의 사회과에서 무엇을 취급하는가'에 거론했다. 그는 1) 자신이 사는 지역사회로서의 일본 사회에 대해 배우는 것, [23] 2) 자신의 조국인 조선의 '금일'의 정치, 경제, 사회, 문화의 정세를 배우는 것, 3) 세계에 대해 배우는 것 [24]을 들고 있다.

넷째, '조선인학교에서의 '정치교육'은 무엇인가'에 대해서 설명했다. 그는 1) 정치와 교육의 구분을 비판하고, 기계적인 구별이 불가능하다고 했다. 2) 조선인학교의 정치교육은 조선인 처한 정치, 경제, 사회적 현실에서 출발한 것, 3) '북선계' 교육을 말할 때는 조선 현실에 대한 것은 조선인으로서의 문제, 조국의 현실에 대한 바른 인식이 요구되는 것이라고 했다. [25]

----

22) 林光澈, 「在日朝鮮人はその子弟の教育に何を望んでいるか」, 『平和と教育』, 1953. 1, 5쪽.

23) 재일조선인이 현재 정치, 경제, 사회적으로는 특수한 입장에 있는 것이 교육 상 고려되어야 한다고 했다.(林光澈, 「在日朝鮮人はその子弟の教育に何を望んでいるか」, 『平和と教育』, 1953. 1, 6쪽.)

24) 여기에서는 조선인학교에서 일본문부성이 제정한 소련, 중국 등을 제외한 「자유제국」만이 아닌 세계의 양면을 과학적인 입장에서 공부하는 것이다.(林光澈, 「在日朝鮮人はその子弟の教育に何を望んでいるか」, 『平和と教育』, 1953. 1, 6쪽.)

25) 林光澈, 「在日朝鮮人はその子弟の教育に何を望んでいるか」, 『平和と教育』, 1953. 1, 6~7쪽.

3. 도쿄조선중고급학교와 임광철

1) 도쿄조선중고급학교 설립 준비와 개교[26]

앞에서 보았듯이, 도쿄조선중고급학교는 1946년 10월 5일에 개교했다. 이 학교의 설립과정은 조련의 역할이 절대적이었다고 할 수 있다.

일찍이 조련 내부에서는 초등학교 중심 교육에서 1946년 2월 중등학교 설립이 요구되었다. 조련의 1946년 6월 1일 열린 제2회 전국문교부장회의에서 조선중학교 창설을 정식으로 토의했다. 당시에는 조련 도쿄본부 문화부의 '지방제안'으로 '중학교 설립 건'이 제안되었다. 이 자리에서는 전국 30개의 조련본부문화부 대표가 모였다. 조련 조직과 부모와 학생, 일본학교에 다니는 학생들이 적극적으로 설립을 강력히 희망했다.[27]

이 회에 기초하여 중학교 설립은 구체적으로 진행되었다. 조련 도쿄본부는 제1회 준비위원회를 1946년 8월 1일 조련중앙문화부에서 열고, 계속해서 8월 18일 준비위원회를 발족시켰다. 그리고 도쿄조선인중학교 설립기성회가 정식으로 발족되었다.[28]

---

26) 필자의 선행 연구 참조.(김인덕, 「재일조선인 민족교육과 東京朝鮮中學校의 설립-『도꾜조선중고급학교10년사』를 중심으로-」, 『숭실사학』 28, 2012 참조.)

27) 吳圭祥, 『ドキュメント在日朝鮮人聯盟』, 岩波書店, 2009, 136쪽.

28) 김덕룡, 『바람의 추억-재일조선인1세가 창조한 민족교육의 역사(1945-1972)-』, 선인, 2009, 86쪽.

도쿄조선인중학교 설립기성회는 「도쿄조선인중학교(가칭)설립취지서[東京朝鮮人中學校(假稱)設立趣旨書]」(1946년 8월 18일)를 발표했다. 학교의 규모는 7년제 중학으로 하고 졸업 후 대학입학 자격이 부여된다고 했다. 각 학년은 학생 수에 따라 적당한 학급을 설치하고 한 학급의 정원은 대체로 5, 60명 선으로 정했다. 또한 도쿄조선인중학교는 남녀공학제를 원칙으로 했다. 중등교육의 전 과정을 교수하기로 했다. 당시 도쿄조선인중학교의 설립에는 5백만 원의 재원이 필요했는데, 기성회에서 우선 3백만 원을 9월 중으로 모으기로 했다.

당시 도쿄조선인중학교 설립기성회의 위원장은 손방현이었다. 이 기성회는 교무, 설비, 기금의 3분과로 구성되었다. 교무분과는 위원의 확보, 교재 편찬, 설비분과는 학교 설비, 기금분과는 재원 확보를 담당했다.

조련 문화부는 곧 중학교 설치 문제에 관여했다. 도쿄 각 지부 위원장 유지 간담회를 열었고, 시내 있던 학교 운영에 열성적이었던 지부의 위원장들이 적극적으로 의견을 개진했다.[29] 유지 간담회는 당시 기금 모집 문제를 계속 논의했다. 메구로 아서원(雅叙園)에 관동 일대의 소위 유력자들을 초청한 회합은 약 1백 명이 모였고 총액 170만 원을 모으기로 대장에 등록했다.

....

29) 『도쿄조선중고급학교10년사』, 6쪽. 그 시점은 1947년 5월경으로 추정된다.

2) 도쿄조선중고급학교와 임광철

앞서 서술한 것처럼 1946년 10월 5일 도쿄조선중학교는 개교했다. 도쿄조선중학교는 전술했듯이 도쿄조선인중학교로 창립되었다. 이 도쿄조선중학교의 간단한 연보를 보면 다음과 같다.[30]

1946년 10월 5일: 東京朝鮮中学校 창립
1946년: 東京都知事로부터 설치 인가
1948년: 고등부 병설, 이후 東京朝鮮中高等学校가 됨.
1949년: 東京都立朝鮮人中高等学校로 개칭

교장은 개교식 날까지 결정되지 못하여 윤근이 임시 교장을 맡다.[31] 사무 주임은 이홍렬, 교무 주임으로 임광철[32]이 담당했다. 당시 그는 3·1운동 이래 '조선독립운동'과 해방을 위한 투쟁에 있어 선두에 섰던 것이 일본 유학생으로 미래 학생들의 역할에 주목해 있었다.[33]

....

30) 東京朝鮮中高級學校 홈페이지(http://www.t-korean.ed.jp/index.html) 참조.
31) 조련 위원장이었다.(吳圭祥, 『朝鮮總聯50年-1955.5~2005.5-』, 綜合企劃 舍ウイル, 2005, 20쪽.)
32) 처음 학기를 마치기 직전에 교직원 회의에서 임광철이 교무주임을 사퇴했다.(『도꾜조선중고급학교10년사』, 10쪽.)
33) 林光澈, 「『現代史』と知識人-朝鮮に居る弟への手紙-」, 『民主朝鮮』 22, 1948. 9, 32쪽.

그리고 학부모들은 1947년 11월 5일 윤덕곤[34]을 회장, 김창일, 강주삼을 부회장으로 하는 학부모회를 결성했다.[35]

당시 도쿄조선인중학교의 학생들에게 학교생활은 감격의 연속이었다.[36] 일본학교에서 '조센진'이라고 구박을 받고 천대를 받던 일과 비교하면 도쿄조선중학교는 낙원 그 자체였다.[37] 당시 식량 사정이 어려워 늘 배고픈 날이 많았으나 학생들은 자부심이 있었다.

> 일본중학교에 다니던 나는 1947년 4월부터 동경조선중학교
> 에 편입하였다. 쓰치우라(土浦)에서 통학하기가 어려워 료(기

---

34) 주요 경력을 보면 다음과 같다. 함경북도 출신으로, 1926년 도일하여 조련 東京都 板橋지부위원장, 東京朝鮮中學校 초대 학부모회 회장을 역임했다. 東京朝鮮中高級學校 용지문제의 해결과 운영에 기여했다. 민전의장단 구성원, PTA전국연합회 회장, 총련 결성 후 중앙의장단 구성원, 재일본조선인중앙교육회 회장을 역임했다.(吳圭祥, 『ドキュメント在日朝鮮人聯盟』, 岩波書店, 2009, 136쪽.)

35) 김덕룡, 『바람의 추억－재일조선인1세가 창조한 민족교육의 역사(1945~1972)－』, 선인, 2009, 89쪽. 또한 기성위원회가 운영위원회로 되고 손방현이 위원장이 되었다. 일주일 후인 11월 11일 학교 창립을 위한 기성회는 발전적으로 해소되고 학교 운영을 위한 운영회가 발족되었다. 나중에 이 두 개의 조직은 1947년 10월 25일 학교관리조합으로 통합되었다. 그리고 상임 이사로 조련 深川지부 위원장이였던 김영돈이 취임했다. 한편 이사장은 1대 손방현, 2대 남정일, 3대 윤덕곤이었다.(『도꾜조선중고급학교10년사』, 44~45쪽.)

36) 창립10주년기념연혁사편찬위원회편, 『복각판 도꾜조선중고초창기10년사(1946~1956. 10. 5)』, 종합기획사우이루, 2008. 3, 21쪽.

37) 학교의 교육방침은 다음과 같다. "民族 自主意識과 民族的 素養, 知・德・体를 갖춘 人材, 祖国과 民族, 同胞社会의 発展에 寄与하고 日本과 国際社会에서 活躍하는 人材의 育成을 목표로 한다. 朝鮮의 歴史와 文化, 言語 등의 民族科目과 日本과 世界各国의 社会와 自然, 現代社会와 外国語 등을 비롯하여 大学進学과 就職, 日本에서 生活하고 活動하는데 必要한 資質의 向上에 기여한다."[東京朝鮮中高級學校 홈페이지(http://www.t-korean.ed.jp/index.html) 참조.]

숙사)생활을 하였다. 식량사정이 어려워 료생활이라 하면 배
고픈 기억이 남아 있다.

그러나 공생은 했지만 조선학교에서 배운다는 기쁨, 나는 조
선청년이라는 긍지가 가슴에 넘쳐 있었다.[38]

당시 임광철은 교무 주임으로 그 역할을 다했다. 처음 학기
를 마치는 직전에 그는 교직원회의에서 교무 주임을 못하겠다
고 자퇴했다. 모두 말렸으나 박준영이 교무 주임으로 선정되
었다. 이것은 당시로는 간단한 일 같았으나, 이후 학교에 막대
한 영향을 주는 일이 되었다.[39] 평소의 그는 이기적, 공리적,
소부르주아적 입장을 청산해야 한다고 주장했다.[40] 이와 함께
지식이 아니라 행동으로 옮기는 것, '실천력'에 주목했다.[41]

실제로 이 시기 임광철은 1945~55년 조선역사연구소 대
표, 그리고 역사교재 편찬을 주도했다.

1946년 10월 도쿄조선중학교는 다음과 같은 교사진을 확보하
고 있었다.[42] 당시 임광철은 교무주임과 국사 및 국어를 담당했다.

....

38) 「중학교1기졸업생의 회상」, 『조선신보』 전자판, 2001. 10. 22.
39) 창립10주년기념연혁사편찬위원회 편, 『복각판 도쿄조선중고초창기10년사
(1946~ 1956. 10. 5)』, 종합기획사우일, 2008. 3, 22쪽.
40) 林光澈, 「『現代史』と知識人－朝鮮に居る弟への手紙－」, 『民主朝鮮』 22, 1948.
9, 29쪽.
41) 林光澈, 「『現代史』と知識人－朝鮮に居る弟への手紙－」, 『民主朝鮮』 22, 1948.
9, 29쪽.
42) 「朝連第3回全國大會部別報告書並參考書類綴(文化部活動報告書)」, 朴慶植
編, 『在日朝鮮人關係資料集成 戰後編』 第1卷, 不二出版, 2000, 『해방신문』
1946년 10월 10일 참조.

교장: 윤근 / 부교장: 김영환

사무 주임: 이홍렬 / 교무 주임: 임광철

사회(공민): 김영직 / 국사: 임광철

국어: 임광철, 이진규, 어당 / 영어: 예성기

수학: 박준영, 심능중 / 물상: 박준영, 임영준, 김신현, 양준

지리: 이은직 / 미술: 김창억 / 음악: 김영환, 윤기선

체조: 구합본, 이홍렬 / 공작: 겸임

가사: 최량성 / 습자: 겸임

윤근이 교장일 때의 일이었다. 교직원 6명이 파면당하는 일이 발생했다. 교장도 모르고 조련 중총 문화부도 모른다고 했다.[43] 당시 7개 학급이란 되는 학생을 관리해야 하는데 6명의 교직원이 없어진 것은 심각한 일이었다. 남은 선생님이 과로하여 병석에 쓰러지게 되면서 어떤 날은 두 선생님이나 세 명의 선생님밖에 출근하지 않는 날이 있었다. 두 달이나 선생님이 없는 상태가 계속되기도 했다.

전술했듯이 도쿄조선중학교는 조련의 지도 하에 만들어졌다. 조련이 설치하고 운영하고 있음에도 조련의 방침을 냉소하고 비방하면서 재일본조선인교육자동맹의 가입에 반대하는 사람들이 있었다.[44] 당시 교직원회의에서는 사상적 대립이 감

43) 창립10주년기념연혁사편찬위원회편, 『복각판 도쿄조선중고초창기10년사 (1946~ 1956. 10. 5)』, 종합기획사ウィル, 2008. 3, 25쪽.

44) 창립10주년기념연혁사편찬위원회편, 『복각판 도쿄조선중고초창기10년사 (1946~ 1956. 10. 5)』, 종합기획사ウィル, 2008. 3, 31쪽.

정대립을 낳으면서 교원들 사이에서 다툼이 생겼다. 결국 이 일을 조장한 부교장 김문보가 불신임을 받았다. 그러나 그는 자신의 자리를 유지하는데 결국 대립한 이은직이 조련 중총에 본인과 김문보와의 퇴직을 청했고, 이것이 받아 드려졌다.[45]

1947년 9월 교장문제가 조련 중총에서 정리되었다. 윤근 대신에 한병주가 전임교장으로 취임했다.[46] 그러나 문제는 박준영이 교무 주임으로 그대로 있던 것이다. 그런데 조련 중총에서 돌아온 류근득이 이와 결탁하여 임광철을 사직하게 만들었다. 이후 박준영이 학교 운영의 주도권을 잡았다.[47]

이때 도쿄조선중학교 교원들이 교장 배척운동을 했다. 한병주에 대한 일 때문이었다. 이를 주도한 것이 박준영이었다. 여기에 대해 조련은 사직서를 수리하고 양심적인 교원을 대상으로 복직을 설득했다.[48] 그리고 1948년 4·24 한신교육투쟁이 일어났고 도쿄조선중학교 관련자 16명이 일본 경시청에 검거되었다.

1948년 중학교 졸업식과 입학식을 겸하여 거행했다. 조련에서 고등학교를 병설하기로 했기 때문에 생긴 일이었다. 이 자

----

45) 창립10주년기념연혁사편찬위원회편, 『복각판 도쿄조선중고초창기10년사 (1946~1956. 10. 5)』, 종합기획사ウィル, 2008. 3, 32쪽.

46) 창립10주년기념연혁사편찬위원회편, 『복각판 도쿄조선중고초창기10년사 (1946~ 1956. 10. 5)』, 종합기획사ウィル, 2008. 3, 32쪽.

47) 『도쿄조선중고급학교10년사』, 16쪽.

48) 창립10주년기념연혁사편찬위원회편, 『복각판 도쿄조선중고초창기10년사 (1946~ 1956. 10. 5)』, 종합기획사ウィル, 2008. 3, 36쪽.

리에서 한병주교장이 사임했다. 그리고 김민화가 교장으로 취임했다. 문제는 다음 해인 1949년 4월 신학기에 고등학교 재학생들이 일본학교로 전학을 희망하고 중학교 졸업생이 소수만 고등학교 지망을 희망했다. 여기에 대해 조련은 적극적으로 대응하고 교직원 진영을 정비했다. 전술했듯이 1949년 10월 다시 학교 폐쇄 명령이 내려져 전국 대부분의 조선인학교가 폐쇄되었고, 도쿄조선중고급학교도 전면적으로 투쟁했다.

1949년 10월 19일 조선인학교 폐쇄의 통고를 받은 후에도 임광철을 중심으로 수업은 진행되었다.[49] 그러나 1949년 12월 도쿄조선중고급학교는 도립으로 이관되었다. 도쿄도 교육청에서 파견된 교장과 교사가 파견되었다. 여기에 교사와 학생은 대항했다. 1954년 도립 폐지까지 실질적으로 민족교육을 진행했다.[50] 이를 주도한 것이 임광철이다. 임광철은 1949년 제4대 교장으로 취임했다.[51]

교장으로 임광철은 교가를 작사했는데 그 내용은 다음과 같다.[52]

....

49) 창립10주년기념연혁사편찬위원회편, 『복각판 도쿄조선중고초창기10년사(1946~1956. 10. 5)』, 종합기획사ウィル, 2008. 3, 48쪽.
50) 창립10주년기념연혁사편찬위원회편, 『복각판 도쿄조선중고초창기10년사(1946~1956. 10. 5)』, 종합기획사ウィル, 2008. 3, 36쪽, 49쪽.
51) 『解放新聞』, 1949년 12월 7일.
52) 작곡은 최동옥이다. 당시 교사였다.(창립10주년기념연혁사편찬위원회 편, 『복각판 도쿄조선중고초창기10년사(1946-1956. 10. 5)』, 종합기획사ウィル, 2008. 3, 36쪽, 95쪽.)

백두산 줄기 찬 힘 제주도 남쪽까지/
삼천만 하나되여 새 기발을 들었다./
조선의 아들딸이 그 별빛 지니고서/
배움길에 싸우는 류십만의 민주성새
빛나는 그 이름 동경조선중학교/
그 이름도 찬란한 우리의 고등학교
위대한 공화국의 새 력사 우렁차다./
세계의 평화진지 붉은 피로 지키려/
조선의 아들딸이 그 기발을 받들고서/
배움길에 나서는 인민군의 선봉대렬

한편 조선인학교에 대한 도립학교제도는 사립학교 시스템
으로 1955년 3월 전환되었다. 1955년 3월 이제는 민주주의적
교수가 가능해졌다고 한다.[53] 그런데 북한에서는 1955년 8·15
해방 10주년 기념 경축대회에 재일조선인 대표를 초청했다.[54]
임광철 교장이 단장으로 평양에 갔다. 당시 『해방신문』 1955년
9월 1일자는 임광철의 연설하는 모습이 보도되고 있다.[55] 총련
의 결성과 함께 북한의 학교 규정에 기초한 총련학교 규정에
따라 조선인학교 조직체계가 변경되었다. 이에 따라 교장, 교
무주임은 임명제로 되어 임광철 교장에서 교장 대리인 송지학

53) 창립10주년기념연혁사편찬위원회편, 『복각판 도꾜조선중고초창기10년사
(1946~1956. 10. 5)』, 종합기획사ウイル, 2008. 3, 36쪽, 67쪽.
54) 창립10주년기념연혁사편찬위원회편, 『복각판 도꾜조선중고초창기10년사
(1946~1956. 10. 5)』, 종합기획사ウイル, 2008. 3, 36쪽, 76쪽.
55) 『해방신문』, 1955년 9월 1일.

으로 변경되었다.[56]

도쿄조선중고급학교 10주년을 맞이해서는 임광철은 교장이
아니었다. 이때 송지학은 우리 말과 역사 학습의 의미를 다음
과 같이 부여했다.

> 우리 학교는 지금으로부터 10년전 육군병창창고를 빌려 교실
> 이란 이름뿐인 곳에서 해방된 민족의 자각과 용기로써 민족
> 을 사랑하는 애국심으로써 민주민족교육을 시작하였다. …
> 이국 일본 땅에서 자라난 우리 청소년들이 조선어로 신문을
> 내고 어머니의 말로 노래를 부르고 국어로 이야기할 수 있게
> 되었으며 찬란한 역사를 알게 되었다. …
> 을지문덕이 있은 것을 알았으며 이순신장군이 있는 것에 귀
> 를 귀울었다. 악독한 일본제국주의의 통치를 반대하여 15년
> 간 눈보라 그칠 날 없는 장백신 밀림 속에서 조국을 해방시키
> 기 위해 싸운 … 영웅적 투쟁이야기에 젊은 청소년들은 정열
> 을 배웠다.
> 이런 가운데 임광철은 도쿄조선중고급학교에서 현장 교육에
> 충실했다. 교무 주임으로 행정과 역사 강의를 통해 학생과
> 만났다. 그리고 조직 내 리더쉽을 발휘, 교장으로까지 활동
> 했다.
> 이와 함께 그는 역사학자로서의 지속적인 연구와 대외 활동
> 을 전개했다. 그리고 한반도 문제에도 지속적인 관심을 표명
> 하고 적극 대응해 갔다. 대중 강의도 적극적으로 참가했다.

....
56) 창립10주년기념연혁사편찬위원회편, 『복각판 도쿄조선중고초창기10년사
(1946~ 1956. 10. 5)』, 종합기획사ウイル, 2008. 3, 36쪽, 82쪽.

조련의 1949년 2월 10일부터 개강한 산다마(三多摩)청년학원 강좌에서도 조선사를 강의했다.[57]

임광철은 조선의 역사, 재일조선인의 역사에서 민족교육을 시작했다. 그는 교육의 현장과 연구의 현장에서 민족의 현장으로 넘어갔다. 전술했듯이 실사구시를 표방한 사료학에 기초해 연구를 진행했다.

57) 『解放新聞』, 1949년 2월 15일.

재일조선인 어린이 잡지 『어린이통신』

1. 해방 공간 어린이 잡지 『어린이통신』

1945년 해방과 함께 재일조선인은 조련을 조직하고 일본 사회 속에서 적극적인 삶을 살아갔다. 그 가운데 새로운 세대를 대상으로 한 교육과 함께 이들을 위한 잡지를 간행했다. 교과서를 만드는 일과 함께 적극적으로 이 일을 했고, 그 가운데 만들어진 여러 잡지 가운데 하나가 『어린이통신(通信)』[1]이다.

『어린이통신』은 학교와 가정을 잇는 역할과 풍부한 감성을 갖은 어린이를 기르기 위해서 진력했다.

『어린이통신』 1권 3호에는 조련의 구체적인 『어린이통신』을 통한 역할을 확인하게 해준다.[2]

> - 선생님, 부형들에게 -
>
> 『어린이通信』은 학교와 가정을 맺이는 가장 충실한 『通信』이 되고저 합니다. 학교에서나 가정에서나 어린이들이 선생님과

---

1) 청암대학교 재일코리안연구소 소장 자료를 참조.
2) 『어린이通信』 1권 3호, 1쪽.

부형들과 가치 자미있게 읽을 수 있는 잡지가 되려합니다. 많은 원조와 지도를 원하는 바입니다.(원문 그대로: 필자)

- 작품을 보내라! -

* 『어린이通信』은 우리들의 通信이다! 우리들의 힘으로 키워
  나가자!
* 지방에 있는 동무들! 동무들의 작품을 부치라! 동요, 동화,
  일기, 작문도 좋고, 도화, 수공, 습자도 좋다! 동무들의 손으
  로 된것이면 무엇이든지『어린이通信』으로 보내라!
* 『어린이通信』에 실린 작품에 대하여서는 좋은 상품을 주
  기로 되어있다. 주춤거리지 말고 훌륭한 작품을 많이 보내
  라!(원문 그대로: 필자)

『어린이통신』은 실제로 일본 전국에서 작품이 왔고, 다양한 작품이 실려 잡지의 내용이 풍부해졌다. 이런 경향을 보인『어린이통신』은 조련의 어린이 대상 핵심 잡지였다. 따라서 많은 필자가 참여하여 글을 썼다. 주요한 필자는 초등교재편찬위원이었다.

김두용을 비롯해 임광철, 이진규, 윤복진, 이세영, 이은직, 임영준, 박준영, 김창억, 이인수 등이 참여했다.

여기에서는 주요 연재물을 대상으로 잡지의 경향에 대해 살펴본다. 대상은 〈우리나라의 자랑〉, 〈옛날 사람들〉과 이은직의 '어린이 춘향전' 그리고 과학 연재물은 '원자세계를 찾아서' 등을 대상으로 먼저 한다. 『어린이통신』의 주요 기사는 다음의

〈표 1〉과 같다.

〈표 1〉 『어린이通信』의 주요 기사

호수	주요 기사
『어린이通信』 1권 1호 (1946년 7월 1일)	〈동시〉우리들의 학예회 반가운 소식－조선에 의무교육이 실시된다－(이진규) 본국의 어린이 생활－씩씩하게 자라나는 전곡소년동맹－ 동요 허쟁이 〈우리들의 작품〉 동경의 밤/고쳐야 할 말/내지는 일본으로 세포이야기(임영준) 〈옛날 사람들(1)〉두발로 선 원숭이(임광철) 어린이 춘향전(제일회)(이은직)
『어린이通信』 1권 2호 (1946년 7월 15일)	〈동시〉 어머니와 아들/늙은 체신부 자치위원회를 조직하자(송지학) 조선은 왜 독립이 안되나?(이진규) 해외에서는 어떻게 싸왔나?－무정장군의 투쟁사－ 〈우리들의 작품 2〉 이송월 동무에게/배우는 선생님/빛내 자 조국/안담뱅이 〈과학〉원자세계를 찾아서(1)(박준영) 〈역사〉〈옛날 사람들(2)〉나무대신 돌로(임광철) 어린이 춘향전(제이회)(이은직)
『어린이通信』 1권 3호 (1946년 8월 1일)	권두시: 민족의 영웅 김일성 장군」(김인세) 곡보: 우리말, 우리글로 〈동요〉 우리 유치원(윤석중)/새 옷을 입으련다(박세영) 기록하는 습관을 갖자(이진규) 〈동화〉 세켜레의 구두(김대포) 조련소년단깃발 밑으로(원문그대로:필자)!(최용근) 〈옛날 사람들(3)〉(임광철) 〈우리들의 작품 3〉 새 명절맞는 우리의 감격(오천식) 원자세계를 찾아서(2)(박준영) 어린이 춘향전(제삼회)(이은직) 곡보 : 비들기

호수	주요 기사
『어린이通信』 1권 4호 (1946년 8월 15일) (8·15특집호)	권두언: 8·15를 맞이하면서 곡보: 해방의 노래 〈동요〉 그래도 우리들은 배웠답니다(이진규) 　　　　/8월 15일(허남기) 인민의 나라를 세우자!(김두용) 박헌영씨의 지하생활편모! 〈우리들의 작품4〉 8월 15일(홍인흠), 8월 15일(이갑선) 안양거리에서 만난 소년들(김경기) 〈국사〉 우리나라의 독립(임광철) 〈과학〉 어떻게 하면 과학자가 될 수 있나?(박준영) 〈우슴부락〉 우리 하숙 〈소설〉 아버지는 돌아왔다(이은직) 곡보: 조선 소년단 행진곡
『어린이通信』 1권 5호 (1946년 9월 1일)	곡보: 박꽃초롱 〈우리나라의 자랑〉 김홍도할아버지의 투견도 〈시〉 인간(이린 저)(이진규 역) 〈동화〉 신사개미 귀족개미 여왕개미 굶어 죽었다(장비) 〈옛날 사람들(4)〉 농사의 시작(임광철) 〈우리들의 작품5〉 거리(조0순)/소도적놈/학예회(강차순) 어린이 춘향전(제사회)(이은직) DDT이야기(임영준) 알아두어야 할 일(광고) 후기: 어린이通信을 읽는 어린이동무들에게! 곡보: 어린이날
『어린이通信』 1권 6호 (1946년 9월 15일)	〈우리나라의 자랑〉: 측우기 〈동요〉 빛나는 조선을 세우렵니다(이진규) 〈이야기〉 잡초(이곱단) 〈우리들의 작품 6〉 해수욕(장양옥) 어린이 춘향전(제5회)(이은직) 우리나라의 우량 〈과학〉 원자세계를 찾아서(박준영)

호수	주요 기사
『어린이通信』 1권 7호 (1946년 10월 1일)	〈우리나라의 자랑〉: 첨성대 〈소년시〉 자장가 〈공작〉 매미 접는법(김우혜) 〈작문: 우리들은 이런 작품을 만들자〉 개구리/신문/개미 〈우리들의 작품 7〉 우리고양이(강승대) 어린이 춘향전(제육회)(이은직) 〈옛날사람들(5)〉 지진(임광철) 곡보: 어린동무
『어린이通信』 1권 8호 (1946년 10월 15일)	〈우리나라의 자랑〉 현무도 〈시〉 비(스티븐슨) 〈이야기〉 감나무(임두립) 〈공작〉 비둘기 접는법(김우혜) 〈과학〉 원자세계를 찾아서(제4회)(박준영) 어린이 춘향전(제칠회)(이은직) 〈동요〉 다리

2. 『어린이통신』의 주요 작가

1) 역사학자

『어린이통신』의 집필진은 전술했듯이 기본적으로 초등교재 편찬위원들이 맡았던 것으로 보인다.[3] 먼저 주목되는 사람이 김두용이다.

그는 1904년 8월 13일 태어났다. 재일조선인운동의 대표적인 지도자이다. 사회운동가, 무대예술가, 문학평론가이다. 도

---

3) 김덕룡, 『바람의 추억』, 선인, 2009, 49쪽.

쿄제국대학 문학부에서 미학을 공부하다 중퇴했다. 카프 도쿄 지부 결성과 무산자, 동지사 결성에 참여했다. 『우리동무』편집장으로, 그리고 연극단체 조선예술좌에서도 활동했다. 해방 이후에는 도츠카한글학원의 배후로 알려져 있다. 이 학원은 해방 이후 가장 이른 때인 1945년 8월 말 9월 초에 생긴 강습소였다.

이은직에 따르면 이 도츠카한글학원은 김두용의 지도와 이진규가 주도하여 만들어졌다고 한다. 당초에는 일본의 대학에서 공부하던 유학생이 '조선어'를 배웠고, 이후 20~30명이 이 지역의 조선인 어린이들을 대상으로 '조선어' 교육을 했다.[4] 김두용은 조련과 일본공산당에서 활동했다.[5]

『어린이통신』1권 4호에 '인민의 나라를 세우자'를 기고하기도 했다.

다음으로 전술한 임광철이다. 그는 1920년 출생이다. 평안북도 정주 출신으로 1944년 9월 와세다대학 문학부 사학과 졸업했다. 1945년 이후 조련에서 활동했다. 1945~55년 조선역사연구소 대표, 1949년 10월 도쿄조선중고급학교 교사, 교장을 역임했다. 역사교재 편찬을 주도했다고 한다.

....

4) 김덕룡, 「초기 재일조선인 교육에서 쓰인 조선어 교재에 관한 고찰」, 강양원·클레어 유 편저, 『한국 이민초기 교육의 발자취』, 선인, 2011, 207쪽.

5) 김덕룡은 1947년 6월 북힌으로 밀항한 것으로 추측했다.(김덕룡, 「초기 재일조선인 교육에서 쓰인 조선어 교재에 관한 고찰」, 강양원·클레어 유 편저, 『한국 이민초기 교육의 발자취』, 선인, 2011, 206쪽.)

『어린이통신』에 '옛날사람들'(1~5)이라는 역사 연재가 5회에 걸쳐 실려 있다.

2) 문학가, 미술가, 과학자

『어린이통신』의 집필진으로 이진규가 있다. 그는 시인으로 조련 교재편찬위원회 책임자, 이후 총련 제1부의장을 역임했다. 1917년 12월 경기도 용인에서 태어났다. 빈농 출신이라고 한다.[6] 1939년 일본 갔고 일제 강점기에는 시인으로 활동했다. 조련이 결성되었을 때는 민족교육에서 중심적인 역할을 한 것으로 설명한다.[7]

총련 시대에도 주도적인 구성으로 활동하고, 1967년 최고인민회의 제4기부터 제9기까지 대의원으로 활동했다. 1968년 조선대학교 학장을 역임했다. 1982년 북한 최고훈장인 김일성훈장을 받았고, 1995년 77세로 사망했다. 평양애국열사릉에 안장되었다. 그가 소장했던 자료는 북한의 평양의 조선혁명박물관 총련관에 전시되어 있다. 그리고 일부는 그가 사망한 이후 조선대학교 도서관에 기증되었다. 『어린이통신』 1권 4호에 동요 '그래도 우리들은 배웠답니다'가 실려 있다.

---

6) 김덕룡, 「초기 재일조선인 교육에서 쓰인 조선어 교재에 관한 고찰」, 강양원·클레어 유 편저, 『한국 이민초기 교육의 발자취』, 선인, 2011, 208쪽.
7) 김덕룡, 「초기 재일조선인 교육에서 쓰인 조선어 교재에 관한 고찰」, 강양원·클레어 유 편저, 『한국 이민초기 교육의 발자취』, 선인, 2011, 208쪽.

다음으로 윤복진이다. 그는 1907년 출생으로 한국에서 활동했던 작가이다. 일본대학 전문부 문과에서 공부하고 호세이대학(法政大學) 영문학부를 졸업했다. 1930년을 전후로 카프의 영향을 받았다. '고향의 하늘'[8] 작사가로도 유명하다.

특기할 만한 내용은 그가 만년에 총련의 1993학년도 교과서 편찬 사업 때에 음악 담당자들의 부탁으로 이미 완결한 1절 가사에 2절 가사를 작사했다는 사실이다. 원래 이 가사는 1절 가사만 있는 동요였다. 이후 재일조선인학교 학생들은 북한에서 부르지 않는 '고향의 하늘'의 2절 가사를 부르게 되었다.[9] 윤복진과 한덕수는 친구로 한덕수가 작사한 '고향의 하늘'의 가사 내용에 대해 윤복진은 '한덕수의 가사는 어린이의 고향을 그린 것이 아니라 고향을 애타게 그리는 어른의 세계를 표현한 것이다.'고 했다.[10] 『어린이통신』에 3호에는 '우리말, 우리글로'이 실려 있다.

다음은 박세영이다. 그는 1946년 월북했다. 북한의 '애국가'와 '임진강'의 작사가이다. '임진강'은 1957년 북한의 작곡가

---

8) 2003년도 개편 조선초급학교 6학년용 음악교과서에 수록되어 있다고 한다.(김덕룡, 「초기 재일조선인 교육에서 쓰인 조선어 교재에 관한 고찰」, 강양원·클레어 유 편저, 『한국 이민초기 교육의 발자취』, 선인, 2011, 204쪽.)

9) 김덕룡, 「초기 재일조선인 교육에서 쓰인 조선어 교재에 관한 고찰」, 강양원·클레어 유 편저, 『한국 이민초기 교육의 발자취』, 선인, 2011, 204쪽.

10) 이런 그의 말에 한덕수는 "고마운 사람"이라고 평했다.(김덕룡, 「초기 재일조선인 교육에서 쓰인 조선어 교재에 관한 고찰」, 강양원·클레어 유 편저, 『한국 이민초기 교육의 발자취』, 선인, 2011, 204쪽.)

고종환이 박세영의 시에 곡을 붙인 것이다. 1968년 일본의 포크 그룹이 불러 일본에서 인기를 얻었다.[11] 『어린이통신』 1권 3호에는 「새 옷을 입어요」가 실려 있다.

그리고 이은직이 있다. 그는 전라북도에서 태어났다. 니혼대학(日本大學) 예술과를 졸업했다. 1945년 해방 전부터 창작을 시작해, 『예술과(藝術科)』에 발표한 「흐름(ながれ)」이 제10회 아쿠타가와상(芥川賞) 후보에 올라 김사량(金史良)과 나란히 일컬어졌다.

해방되어 조련 교재편찬위원회 위원으로 활동했다. 1967~1968년에 발표된 장편 「탁류(濁流)」(新興書房) 3부작은 해방 후 격동하는 한반도의 현대사를 배경으로 주인공의 변화하는 청춘이 그려져 '제1문학 세대'의 대표작이 되었다. 1997년에는 전 5권의 장편 「조선의 새벽」(明石書店)을 간행했다. 식민지 지배 아래 살아간 소년기와 청년기를 대하소설 평식으로 그렸다. 소설 이외에도 민족적 저작에 힘을 기울여 쓴 『조선명장전』(新興書房), 『조선명인전』(明石書店), 『신편 춘향전』(高文研) 등이 있다. 1960년부터 조선장학회 이사를 지내 동포 자제의 육영사업에 공헌했다. 『'재일'민족교육의 새벽』, 『'재일'민족교육·고난의 길』이 있다. 『어린이통신』에 '어린이 춘향전'이 7회 실려 있다.

『어린이통신』의 집필진으로 허남기가 있다. 그는 경상남도 구포 출생이다. 부산 제2상업학교를 졸업하고 치안유지법 위

---

11) 김덕룡, 「초기 재일조선인 교육에서 쓰인 조선어 교재에 관한 고찰」, 강양원·클레어 유 편저, 『한국 이민초기 교육의 발자취』, 선인, 2011, 205쪽.

반으로 수감되었다가 21세 때 도일했다. 니혼대학 예술학부 영화과, 주오대학(中央大學) 법학부를 졸업했다. 아테네프랑세에서도 공부했다.

조련 교재편찬위원회 위원으로, 총련 부의장으로 재일본조선인문학예술가동맹 위원장직을 맡았다. 『민주조선』의 발간과 재일조선문학자협회의 결성 등에 참여했다.[12] 『어린이통신』에 작품이 1권 4호에 '8월 15일', '조련 소년단 행진곡'이 실려 있다.

한편 『어린이통신』에서 시종일관 삽화를 주도한 것은 김창억으로 보인다.[13] 그는 도쿄조선중학교의 미술선생님으로, 1호와 8호 전체 그리고 이인수 등과 함께 삽화를 그렸다. 1938년 경성제2고등보통학교를 졸업하고, 1943년 일본 도쿄미술학교를 마쳤다.[14] 그리고 해방 공간 조련에서 활동했다.[15] 이후 국내 귀국하여 경주예술학교 교수, 경기여자고등학교 교사, 홍익대학교 미술대학 교수를 지냈다.[16]

....

12) 허남기는 1951년에 장편시 『화승총의 노래』(朝日書房)를 간행, 동학농민운동으로 시작된 민족의 저항의 역사를 서사적으로 이야기해서 일본어 시문학계를 놀라게 했다.

13) 김수나 인터뷰(김창억의 손녀), 경운미술관, 2017년 9월 23일.

14) 그는 사토 구니오(佐藤九二男)의 제자로 당시에는 유영국, 장욱진, 이대원, 권옥연 등도 사토 구니오 밑에서 공부했다.

15) 「朝連第3回全國大會部別報告書並參考書類綴(文化部活動報告書)」, 朴慶植 編, 『在日朝鮮人關係資料集成 戰後編』(第1卷), 不二出版, 2000 참조.

16) 김창억미술문화재단 홈페이지(www.kimchangeuk.org) 참조.

『어린이통신』의 집필진 가운데 과학 관련 글은 박준영과 임영준이 담당해 서술했다. 다소 수준 높은 과학적 지식을 소개하는 내용의 글을 작성하고 있다.

3. 역사 연재물

1) 연재물 〈우리나라의 자랑〉

『어린이통신』의 역사 관련 연재물에는 〈우리나라의 자랑〉 코너가 있다. 여기에는 '김홍도 할아버지의 투견도(1~5)', '측우기(1~6)', '첨성대(1~7)', '현무도(1~8)'이 실려 있다.

김홍도를 소개한 '김홍도할아버지의 투견도(1~5)'는 적극적으로 소개하는데 계급적 입장이 그대로 드러나는데 그 내용은 다음과 같다.

> 동양그림은 … 평면으로밖에 나타내지 못했다. 김홍도할아버지는 … 서양그림같이 빛과 그림자를 나타내여 우에있는 것과 같은 입체적인 산그림을 그리기 시작했다. … 상민 들의 생활에서도 새로운 아름다운 것을 찾아내어 제가 생각한대로 그렸다. … 털끝만치도 없고 다만 좋은 그림을 그리려고 일생을 꾸준히 공부해 왔든 것이다.(원문 그대로: 필자)

이렇게 그는 민중에 주목하고 장인적 모습에 대해 적극적인 평가를 아끼지 않았다.

과학 문화재로는 먼저 측우기에 주목하여, 전통적인 농업국인 조선으로서는 우량에 주목해야 했다면서 이를 위해 발명된 것이 측우기라는 것이다.

우리 조선은 농업국이다. … 우량이란 것은 그밖에도 우리들의 살림에 많은 관계를 가지고 있다. … 우리나라에는 퍽오랜 옛날부터 우량에 대하야 많은 연구를 하여 왔다. … 지금부터 500년전 세종대왕때에 처음으로 만들어서 전국에 나누어 우량을 재게한 자분 것이다. 이것은 세계에서 맨처음 만든 것이다. 서양에서도 이보다 200년후에야 겨우 만들어냈다는 것이다. (원문 그대로: 필자)

한국이 세계적으로 자랑하는 것이 천체 관측기구인 첨성대이다. 이 첨성대에 대해 구체적인 재원과 역사적 연원을 정확히 서술하고 있다. 그리고 역사적 의미를 적극적으로 부여했다.

첨성대 지금 경주에 남아잇는 동양최고의 천문대. … 선덕여왕때 지금부터 약 1300년전에 세운 것이다. 밑직경이 17.1척, 높이는 29.1척. 화강암으로된 석조건축물. 옛날에는 이위에 다락을 짓고, 사람이 올라가서 해와 달, 별과 구름, 하늘에있는 모든 것을 과학적으로 연구하였다. 그것은 농사뿐아니라 사람의 모든살림과 밀접한 관계를 가지고 있기 때문이다. 첨성대는 과학의 바다로 출발하는 조선어린들앞에 희망 …. (원문 그대로: 필자)

여기에서는 첨성대의 기능을 농사 관련으로 제한하지 않았다. 그리고 첨성의 방식도 구조적으로 설명해 주었다.

고구려의 한국사 속의 자리매김을 하면서 그들이 그린 그림으로 현무도를 소개한다. 벽화 속의 현무도의 감상을 적극적으로 권하고 있다.

> … 고구려사람들은 범과 같이 날세고 용감하였다. … 수양제 … 당태종 … 을 무찔러 버렸다. 그들이 그린 그림도 도한 빽빽이 굳세고 크다. 그리고 아름답다. … 지금부터 1,500년전 평강왕의 것이라고 생각할수있는 옛날 무덤속 그려있는 벽화다. … 동양 최고의 그림이라고한다. … 우리선조들의 손으로 그려진 선이 어떻게 곱고 아름다운지를 깊이 느낄줄 믿는다.(원문 그대로: 필자)

이렇게 한국 문화의 최고를 김홍도의 풍속화, 과학문화재로 측우기와 첨성대, 그리고 고분벽화로 현무도에 대해 주목하여 우리 문화의 정수를 적극적으로 설명하고 있다.

2) 임광철의 〈옛날 사람들〉

『어린이통신』에는 임광철의 〈옛날 사람들〉이 5회 연재되었다. '두발로 선 원숭이(1~1)', '나무대신 돌로(1~2)', '옛날 사람들(1~3)',[17] '농사의 시작(1~4)' 그리고 '지진(1~7)' 등이 실려 있다. 5회의 연재

----

17) 소제목이 없다.

에서 임광철은 인류의 초기 역사를 설명하여 인류의 기원, 도구 발달의 역사, 가축의 사육, 그리고 농업의 시작과 자연 현상으로 지진에 대해 설명하고 있다.

먼저 '두발로 선 원숭이(1~1)'에서는 원숭이 가운데 지혜 있는 놈이 나뭇가지를 들어 다른 짐승을 넘어뜨리면서 이후 무기를 쓰게 되고 이후 직립하게 되어 이들이 최초의 사람이 된 것으로 설명한다.[18] 그리고 나무 대신 돌을 사용하게 되었다는 것이다.[19]

> 나무가지를 들고 두발로 일어선 원숭이, 사람은 얼마후에 나무
> 까지 대신에 돌을 들어서 … 처음에는 둘중에서 뾰족한 돌을 ….

이렇게 돌을 갈아 만들어 쓴 기간이 수십 만년이 흘렀다고 한다. 그리고 집을 짓고 다른 동물의 거죽을 갖고 옷을 지어 생활하게 되었다.

다수의 사람들이 석기로 사냥을 할 때 다른 방법으로 짐승을 잡는 사람이 생겼는데 그 방법은 다음과 같다.

---

18) 『어린이通信』 1권 1호, 13쪽.
19) 『어린이通信』 1권 2호, 13쪽.

　함정을 파서 '짐승'이 그 안에 빠지게 되면 가두어 기르게 되었다. 그렇게 해서 기르게 된 동물이 늑대였다.[20]

> … 어린이들은 그 새끼늑대를 소중히 길렀다. 늑대는 점점 자라서 큰 늑대가 되었지만 어린이들의 곁에서 떠나려 하지 않고 언제까지나 사람의 집에서 사람과 가치 살고 있었다. 1년 후에 그 새끼 늑대는 어미늑대가 되어 다섯 마리나 되는 새끼를 낳았다. 사람들은 이렇게 집에서 짐승을 길러 먹으며 힘 드려 사냥을 하지 않고도 살아갈 수 있게 되었다.

　임광철은 인류의 발생을 설명하고, 농업에 대한 역사를 발생사적으로 기술하고 있다. 그는 '농사는 언제부터 시작했는가'라는 질문에서 시작하여, 지금부터 '우리나라'에서는 3, 4천 년

20) 『어린이通信』 1권 3호, 7쪽.

전부터라고 한다. 농사는 사람이 먹거리를 구하는데 큰 변혁이었다고 한다.[21]

> 사람이 식물을 심어서 그 씨를 그 잎과 뿌리를 먹는 법을 생각
> 해 냈다는 것은 퍽 큰일이다. … 모든 힘을 다해서 온종일, 그
> 리고 일생을 바치지 않아도 되고 남은 시간에 여러 가지 문화
> 를 지어낼 수 있게 되었기 때문이다.

이런 농사 기술은 아마 남중국으로부터 들어온 것으로 임광철은 추측하기도 한다.[22]

한편 임광철은 선조들의 역사를 설명하면서 지진의 역사를 알려 주고 있다. 그는 지진의 개념을 '우리들이 살고 있는 땅이 흔들리는 것'이라고 지적했다. 그리고 지진의 역사를 다음과 같이 설명했다.[23]

> 지금부터 한 500년 전까지는 우리나라에도 큰 지진이 여러 번
> 있었다. … 사람들은 무서워서 벌벌 떨고 있다. 옛날사람들은
> 지금 우리들 보다도 더욱 무서워했다 ….

그는 지진이 있으면 소나 돼지를 잡아서 '하느님'께 제사를 지냈다고 한다. 사람까지 받쳤다고 했다. 임광철은 이런 사실

---

21) 『어린이通信』 1권 4호, 7쪽.
22) 『어린이通信』 1권 4호, 7쪽.
23) 『어린이通信』 1권 5호, 15쪽.

을 거론하면서 '옛날사람을 어리석다고 웃을 때마다 우리는 지금 우리들의 살림을 한 번씩 돌보지 않으면 아니 된다,'[24]고 했다.

아울러 임광철은 '우리나라의 독립'이라는 제목의 글도 『어린이通信』에 썼다.[25] 역사학자인 그는 독립의 의미를 명확히 규정했다.

> 우리들이 우리 힘으로 마음껏 잘 살 수 있는 나라를 새로 세우는 것이 獨立이다. 그것은 무척 힘든 일이다. 그러나 카이로 宣言과 포츠담善言이 없었다고 해도 그것은 우리가 해야 할 일이다.[26]

여기에서 그는 양반의 본질과 갑신정변의 의미, 일본제국주의의 본질, 3·1운동의 역사적 의미에 대해 설명했다.

> … 양반들은 좋은 정치를 하여서 살기좋은 나라를 만들려고 하지 않고 국민이 힘써 일해서 만든 것을 빼앗어서 편히 잘살려고만 했다. … 많은 물건을 청국에 가져다 주었다. 김옥균, 박영효, 홍영식같은 사람들이 … 청국힘을 믿고 뽐내든 양반들을 집어치우고 독립하지 않으면 안되겠다고 생각했다. 1884년에 그들은 크게다투고 싸왔지만 뜻대로 되지않았든 것이다. 10년

---

24) 『어린이通信』1권 5호, 16쪽.
25) 『어린이通信』1권 4호, 13쪽.
26) 『어린이通信』1권 4호, 15쪽.

후에 일어난 일본과 청국의 싸움에 일본이 이기고나서 우리를 독립시켜준다고 하관조약 제1조에 조선의 완전독립승인 이라고 넣었다. … 독립은 그문만을남기고 어디론지 가버리고 말았다. … 독립하지 못한국민은 살아갈수가 없다는 것을 깨닷고 1919년에 모든국민은 일어서서 맨주먹으로 "독립만세"를 부르며 싸왔다. … 三一革命이다"(원문 그대로: 필자)[27]

〈김창억 그림〉

그리고 왜 우리는 독립을 위해 싸워야 했는지도 설명했다.

우리는 독립을 하려고 꾸준히 싸와왔다. 독립을 하지않고는 옳게살수가 없기 때문에 … 그중에도 노동자와 농민들과 가치 싸와온 공산당의 형님들을 잊어서는 안된다. … 우리는 이제 우리들이 잘살기 위해서는 마음껏 일할 수 있게되었다. 이런 좋은때는 역사상에 다시는 돌아오지 않을 것이다. 이때를 놓지지 않도

27) 『어린이通信』 1권 4호, 13~14쪽.

록 우리는 죽을 힘을 다해야 한다. (원문 그대로: 필자)[28]

임광철은 죽을 힘을 다해 독립된 조선을 위해 노력할 것을 당부하고 있다. 그는 그렇게 했다.

4. 문학과 과학 연재물

1) '어린이 춘향전'

『어린이통신』의 연재물 '어린이 춘향전'은 이은직이 썼다. 그는 총 7회에 걸쳐 연재하고 있다. 이후 이은직은 춘향전을 내고 있다.[29] 그는 시대적 배경이었던 조선의 270, 80년 전은 평화로운 나라였다고 하면서 연재를 시작했다.[30] 남원은 경지 좋은 곳으로 남원부 관청에는 매인 기생이 많았다고 한다. 당시 기생의 모습을 보여주고 있다.

> 이 기생들은 천한 대접을 받으면서도 양반들이 … 노는 자리
> 에 나가 심부름을 하고 노래도 부르며 양반들의 마음대로 첩
> 이 되는 일도 있었다.[31]

....

28) 『어린이通信』 1권 4호, 15쪽.
29) 이은직(李殷直) 역, 『신편 춘향전(新編春香伝)』(1948, 1960, 2002) 참조.
30) 『어린이通信』 1권 1호, 14쪽.
31) 『어린이通信』 1권 1호, 14쪽.

이은직은 어린이를 대상으로 하는 '춘향전'이지만 서술 내용에서는 양반사회의 모습과 그 한계를 적나라하게 보여주는데 주안점을 두었다. 양반은 백성에게 세금을 빼앗는 존재이고 보통 사람인 상인을 살리고 죽일 수 있는 존재라는 것이다.[32] 특히 이몽룡 집안은 분명하다고 했다.

그러면서 그는 양반에 대한 비판도 하고 있다. '아무리 양반의 집 자손이라고 하더라도 나이 어린 사람이 만나보지도 못한 여자보고 마음대로 오라 가라 한다니 그게 된 말이냐.'[33] 이은직의 이런 표현은 의도적인 문투이다. 당시 조선시대에 이렇게 말하는 것은 절대적으로 쉽지 않았을 것이다. 실제로 양반은 양반이고 상놈은 상놈이라고 했다.[34]

반면에 하인인 방자를 남자 주인공 몽룡의 '동무'라고 표현했다.[35] 특히 몽룡의 품성을 거론하면서 신분 타파의 모습을 자연스럽게 보여주고 있다.

> 나도 양반의 집에 나지 말고 보통사람의 집에 낳으면 아침에
> 아버지와 같이 지게지고 일하러 가고 이와 같이 경치 좋은 곳
> 에 구경 갔을 때는 동무들과 같이 노래도 부르고 장난도 하며
> 재미있게 놀 수 있을 것인데 ….[36]

....

32) 『어린이通信』1권 5호, 12쪽.
33) 『어린이通信』1권 3호, 14쪽.
34) 춘향이의 경우 한쪽이 양반이지만 기생이라고 했다 (『어린이通信』1권 5호, 10쪽.)
35) 『어린이通信』1권 1호, 16쪽.
36) 『어린이通信』1권 2호, 15쪽.

그는 '몽룡에 대한 품성론은 차를 권하고 담배를 권했는데 피우지 않았다.'고 서술하면서 '주인공이 품위를 지켜나가고 있다.'고 했다.[37] 대개의 양반과 그는 달랐다고 한다. 15세가 되면 결혼하여 기생집을 다닌 것이 일반적이라는 것이다.[38]

이런 몽룡이기에 방자의 반역이 들어 먹히기도 했다. 방자는 조선시대 일반적인 분위기에서는 할 수 없는 말과 행동을 했다.

> 도련임 당신은 고은 향기나는 방안에서 꽃과 같은 어여쁜 처녀를 옆에 두고 앉혀두고 천하의 맛진 진미를 마음껏 잡수셨는데 이놈은 상놈이라 시커먼 부엌에서 시금내나는 김치에다 틈틈한 막걸리를 도야지 같이 꿀턱꿀턱 드러마셨어요.
> 「그러면 나귀에 태워줄까」
> 「방자가 나귀타고 도련님이 끈을 잡고 이것도 좋소이다.」[39]

이은직은 '대단한 반역'을 수행했다. 그리고 이은직은 술취한 방자로 하여금 나귀에 타게 하고 몽룡이 끌고 가는 장면을 연출했다.

이런 몽룡과 방자는 양천제의 조선에 대해 논쟁했다. 이은직은 이 장면을 사실적으로 그리고 있다.[40]

37) 『어린이通信』1권 5호, 13쪽.
38) 『어린이通信』1권 6호, 10쪽.
39) 『어린이通信』1권 6호, 13쪽.
40) 『어린이通信』1권 7호, 10쪽.

「상놈과 양반은 마음과 눈까지 다르단 말이냐」
「다르고 말구요 꿀맛과 긴장 맛이 다른 것과 같이 양반의 세
상이야 달콤하니 맛이 좋고 상놈의 세상이야 짭짤해서 누구
나 없이 싫어하지요.」

동시에 이은직은 방자가 나귀 탄 장면에 대한 춘향의 표현
을 통해 계급해방을 설파하고자 했다.[41]

「양반의 집 사람들은 하인이라고 하면 되나 못되나 매나 때리
고 끄지름이나 하고 없신여기는 줄만 알고 있었는데 도련님
은 방자까지 나귀에 태워 준신단 말을 듣고 도련님은 누구하
고도 동무가 될 사람인줄 알았습니다. 오늘은 도련님에 대하
여 두려운 생각은 나지 않고 동무를 맞이하는 것 같아서 우슴
이 저절로 나왔지요.」

이렇게 이은직은 어린이를 대상으로 한 조선시대 양반과 상
놈의 계급 관계를 사실적으로 보여주고 있다. 그리고 몽룡을
통해 새로운 인간형을 말하고 있다. 그 인간은 양반만이 아닌
상놈과 함께 사는 세상을 얘기한다. "나는 양반만이 잘사는 것
이 좋다고는 생각하지 않아. 백성들이 잘 살아야만 하지."[42]

---

41) 『어린이通信』 1권 7호, 13쪽.
42) 『어린이通信』 1권 8호, 13쪽.

2) 과학 연재물

『어린이통신』은 과학에 대한 2편의 연재물이 확인된다. 첫째 임영준(任暎準)의 것으로, '세포이야기'[43]와 'DDT이야기'이다.

'세포이야기'는 생물의 기본 단휘를 세포라고 하고 세포는 어떤 것인지 그리고 세포의 내용, 세포의 증식을 그림으로 설명하고 있다.

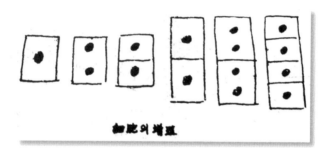

細胞의 발표

'DDT이야기'[44]는 벌레 즉 벼룩·이·빈대·모기·파리를 죽이는 약이 DDT라고 정확히 설명하고 하늘에 투약하는 것의 위험성을 지적하고 있다.

둘째, 박준영(朴俊榮)의 연재, '원자세계를 찾아서(1~4)'는 전체 4회 실려 있다.

43) 『어린이通信』 1권 1호, 10쪽.
44) 『어린이通信』 1권 5호, 14~16쪽.

'원자세계를 찾아서(1)'[45]에서는 원자폭탄을 잊어서는 안 된다고 하고 설명을 시작하여, '원자세계를 찾아서(2)'는 원소와 화합물을 설명하여 구체적으로 고대인의 물질에 대한 인식 그리고 '한계현미경', '불노초'에 대해 설명하고 있다. 특히 한국의 경우 불노장수의 약을 인삼이라고 지칭했다.[46] '원자세계를 찾아서(3)'[47]는 분자와 원자의 관계를 설명하여 분자 속에 원자가 들어 있다는 것이다. 사람들은 원자의 씨를 알고 있는데 그 씨 속은 모른다고 했다. 원자는 태양계와 비슷하다고 했다. '원자세계를 찾아서(4)'[48]는 양액구조를 설명하여 원자세계의 왕궁이라고 했다. 원자폭탄은 양액을 공격하여 '중성자'를 내쫓는 것이라고 했다.

아울러 '어떻게 하면 과학자가 될 수 있나?'에서 박준영은 에디슨, 뉴튼, 아인쉬타인과 왓트의 증기기관, 말코니의 라디오 수신기를 소개하고 있다.[49]

한편 『어린이통신』에는 주요 연재물이 실려 있다. 주로 역사, 문학 그리고 과학 분야 등에 집중되어 있었다.

---

45) 『어린이通信』 1권 2호, 10쪽.
46) 『어린이通信』 1권 3호, 12쪽.
47) 『어린이通信』 1권 6호, 14~16쪽.
48) 『어린이通信』 1권 8호, 9~11쪽.
49) 『어린이通信』 1권 4호, 16~19쪽.

8장

맺음말

한민족의 미래는 현재의 한반도가 시작점이다. 그러나 한반도가 종점은 아닐 것이다. 재일조선인은 바로 그 가운데 존재한다.

이들 재일조선인의 역사는 맨 처음에는 재일조선인 역사학자가 서술했다. 그가 임광철이다.

이런 그가 서술한 재일조선인의 역사는 한민족 역사의 한 구성 부분이다. 따라서 한국 역사와 한국의 역사학에서 재일조선인의 역사와 재일조선인의 역사 연구가 부정되지 않아야 한다. 본 연구에서 살펴본 연보를 통해 재일조선인 역사학자 임광철의 삶을 다시 정리해 본다.

임광철은 1920년 7월 23일에 태어났다. 본적은 평안북도 정주이다. 오산학교에서 수학한 것으로 확인된다.

일본에 가서 와세다대학에서 동양사를 전공했다. 그리고 1944년 9월 졸업했다. 학도병으로 참전한 이력이 있다.

1945년 일본의 패전으로 해방된 이후 일본에 남았다. 조련 문화부에 소속되어 적극적인 활동을 했다. 역사학자로서 조선역사연구소를 대표했고, 초등교재편찬위원회 위원으로 활동했다. 1946년 10월 도쿄조선중학교 '력사'교사, 교무 주임 그리고 교장을 담임했다.

이후 주요한 행적으로 재일본조선인교육자동맹 도쿄지부 부위원장, 재일본조선문학회 회원, 새륙게 '교재편찬위원회' 전문위원, 교과서 편찬의 책임을 맡았다.

8·15 해방 10주년을 경축하는 '재일동포 조국방문단원'으로 북한을 방문했다.

이런 임광철은 재일조선인이다. 그에 대해 다음의 모습도 확인해 보았다.

첫째, 임광철은 역사학자이다. 와세다대학을 다니면서 과학적 역사연구의 방법을 공부했다. 이후 얼마 되지 않은 소수의 과학적 역사학자로서 거듭나는 모습을 보이고자 했다.

둘째, 임광철은 통사를 통해 한국사를 구성하고자 했다. 조선총독부와 식민지 관변 사학자의 연구와 서술과 달리 진보적인 입장에서 과학적 서술을 구사했다. 임광철은 동시에 사료에 기초한 논리의 구성과 과학적 연구 방법론을 자신의 글에서 보여주었다.

셋째, 임광철은 재일조선인의 역사도 체계적인 서술의 기틀을 마련했다. 재일조선인 도항에 대한 연구와 1920년대의 민족해방의 역사를 서술함은 이후 재일조선인사 연구의 기본적인 틀이다.

넷째, 임광철은 각종 주요한 한국사의 기점과 관련하여 논점을 제공하는 역사서술을 했다. 3·1운동에 대한 그의 서술은 대표적이다.

다섯째, 재일조선인 민족교육의 중심에 섰다. 도쿄조선중학교의 경우, 조련 문화부의 활동의 경우의 현장주의의 모습, 민

족을 사랑하는 모습을 읽을 수 있다.[1]

본 연구는 임광철에 대해 많은 이야기를 제대로 기록하지 못한 채로 마감했다. 추후 많은 연구와 자료의 발굴과 소개를 기대한다.

---

1) 이런 그는 북한으로 갔다.

참고문헌

⟨임광철 저작⟩

「'外國人登錄切替'と朝鮮人の立場」,『平和と敎育』2, 1952.

「『現代史』と知識人－朝鮮に居る弟への手紙」,『民主朝鮮』22, 1948. 9.

「强制送還なら眞つ平だ」,『改造』33－9, 1952. 7.

「네눈이 밝구나」,『朝聯文化』2, 1946. 10.

「渡航史－にその性格」,『民主朝鮮』33, 1950. 7.

「民族文化の危機を語る(その二)－民主民族文學の諸問題」,『民主朝鮮』
     29, 1949. 7.

「三一運動に於ける歷史的なもの」,『民主朝鮮』26, 1949.

「藝術と 人民大衆」,『朝聯文化』(創刊號), 1946. 4.

「日朝兩國民の友好・團結と文化交流の道具－朝鮮語」,『新しい朝鮮』2,
     1954.

「在日朝鮮人はその子弟の敎育に何を望んでいるか」,『平和と敎育』,
     1953. 1.

「在日朝鮮人問題－その歷史的發展について」,『歷史學硏究別冊』, 1953. 6.

「在日朝鮮人問題の見通し」,『平和と敎育』(創刊號), 1952.

「朝鮮資本主義の問題」,『民主朝鮮』27, 1949. 5.

「朝鮮解放運動史(1)」,『歷史評論』, 1951. 3.

「平和と友好のために」,『朝鮮評論』2, 1952.

『李朝封建社會史硏究』, 朝聯文敎部, 1949. 7.

『朝鮮歷史讀本』, 白揚社, 1949. 11.(제2판 1950. 8.)

〈일반 저작〉

『복각판 도꾜조선중고초창기10년사(1946-1956.10.5.)』, 2008.

국제고려학회 일본지부 재일코리안사전 편집위원회, 『재일코리안사전』, 선인, 2012.

堀內稔, 『兵庫朝鮮人勞動運動史 8·15解放前』, むくげの會, 1998.

金德龍, 『朝鮮學校の戰後史-1945~1972-』, 社會評論社, 2002(김덕룡, 『바람의 추억』, 선인, 2009).

金贊汀, 『在日コリアン百年史』, 三吳館, 1997.

金太基, 『戰後日本政治と在日朝鮮人問題』, 勁草書房, 1997.

김광열, 『한인의 일본이주사 연구:1910-1940년대』, 논형, 2010.

김인덕, 『재일조선인 민족교육 연구』, 국학자료원, 2016.

_____, 『식민지시대 재일조선인운동 연구』, 국학자료원, 1996.

_____, 『오사카 재일조선인의 역사와 일상』, 선인, 2020.

_____, 『갈등과 화합의 재일코리안 단체의 역사』, 선인, 2021.

김태기, 『재일한인 민족교육의 역사와 현재』, 선인, 2021.

朴慶植, 『朝鮮人强制連行の記錄』, 未來社, 1965.

_____, 『在日朝鮮人運動史-8·15解放前-』, 三一書房, 1979.

_____, 『天皇制國家と在日朝鮮人』, 社會評論社, 1986.

_____, 『在日朝鮮人運動史硏究-8·15解放後-』, 三一書房, 1989.

_____, 『天皇制と朝鮮』, 神戶學生靑年センター出版部, 1989.

_____, 『體驗て語る解放後の在日朝鮮人運動』, 1989.

_____, 『在日朝鮮人. 强制連行. 民族問題』, 三一書房, 1992.

朴在一, 『在日朝鮮人に關する總合調査硏究』, 新紀元社, 1957.

西成田豊, 『在日朝鮮人の「世界」と「帝國」國家』, 東京大學出版會, 1997.

石坂浩一, 『近代日本の社會主義と朝鮮』, 社會評論社, 1993.

宋基燦, 『「語られないもの」としての朝鮮學校』, 岩波書店, 2012.

松田利彦, 『戰前期の在日朝鮮人と參政權』, 明石書店, 1995.

水野直樹, 文京樹, 『在日朝鮮人 歷史と現在』, 岩波書店, 2015.

岩村登志夫, 『在日朝鮮人と日本勞動者階級』, 校倉書房, 1972.

吳圭祥, 『ドキュメント在日朝鮮人聯盟』, 岩波書店, 2009.

外村大, 『在日朝鮮人社の史的究形成, 構造, 容』, 陰書房, 2003.

林哲 外編, 『20世紀を生きた朝鮮人』, 大和書房, 1998.

在日韓人歷史資料館 編, 『寫眞で見る在日コリアンの100年 在日韓人歷史資料館圖錄』, 明石書店, 2010.

정혜경, 『일본제국과 조선인 노무자 공출-조선인강제연행 강제노동연구Ⅱ』, 선인, 2011.

청암대학교 재일코리안연구소, 『재일코리안 디아스포라의 형성』, 선인, 2013.

_____, 『재일코리안의 생활 문화와 변용』 선인, 2014.

_____, 『재일코리안운동과 저항적 정체성』, 선인, 2016.

_____, 『재일코리안에 대한 인식과 담론』, 선인, 2018.

_____, 『재일코리안의 역사적 인식과 역할』, 선인, 2018.

최영호, 『재일한국인과 조국광복』, 글모인, 1995.

찾아보기

ㅈ

ㅎ